心理学のプロが教える

認知症の人のホントの気持ちとかかわり方

大庭 輝

中央法規

はじめに

いきなりですが、質問です。
次のようなエピソードがあったら、あなたはどのように考えるでしょうか？

どうして、このような状況に？

> 認知症があり、グループホームで生活していたＡさん。
> 昨日転倒して骨折してしまい、しばらく入院することになりました。
> 入院中のＡさんの様子を看護師さんに尋ねると、「助けて」「殺される」と叫んでいて、落ち着かない様子が見られているようです。
> グループホームでにこやかに過ごしていた姿からは想像できない状態です。

「入院によって認知症が進行したのではないか」
「骨折による痛みでせん妄（軽度の意識障害）が生じているのではないか」
──そんな予測をつけるかもしれません。

はじめに

ただ、このエピソードに次のようなつづきがあったらどうでしょうか。

> Ａさんは骨折したことを覚えておらず、何度もベッドから立ち上がろうとします。
> さらなる転倒のリスクを防ぐために、病院ではＡさんの状態についてカンファレンスで検討のうえ、やむを得ず身体拘束をしていました。

Ａさんの立場になってみましょう。
「ある日気づいたら知らない場所に寝かされていて、なぜか拘束されていて動けない」。そんな状況です。そのときに、知らない人が近づいてきて触れてきたりしたら……「助けて」「殺される」と叫ぶのも心理的には自然な反応に思えます。

私たちは、認知症の人とかかわるときに、あらゆる言動を「症状」としてとらえてしまいがちです。そうすることで、なんとなく言動の理由を理解した気になったり、もしかしたら「認知症の症状だから仕方ない」とあきらめのような気持ちで自分を納得させたりしているのかもしれません。

ですが、一見認知症の症状に見えるような行動も、よく観察してみる

と私たちと変わらない心の働きがあることに気づきます。

　筆者は心理学者です。これまでに医療機関や福祉施設で心理職として認知症ケアの実践に携わり、私たちを戸惑わせる認知症の人の言動について心理学的な視点から考えてきました。

　その中で気づいたことは、認知症の人に見られる言動の多くには、病気によって引き起こされた「症状」ではなく、心理的な問題がかかわっている、ということです。

　認知症ケアの中では、認知症の人も介護者も、お互いイライラしてしまう状況がよく起こります。こうした状況は、認知症の人から見れば「自分の気持ちを理解してもらえない」、介護者から見れば「認知症の人のふるまいの理由がわからない」という、互いの心のすれ違いから生じます。

　この本には、筆者の現場での実践や研究の経験をふまえて、私たちが戸惑ってしまう認知症の人の言動の背後にある「心の働き」を理解し、よりよいケアを実践するためのアイデアをまとめました。

　本書が、読者のみなさまと認知症の人との心のすれ違いを埋め、互いにとってよりよい生活につながることを願っています。

　2025年3月

弘前大学大学院保健学研究科心理支援科学専攻
大庭　輝

目次

はじめに

第1章 認知症ってどんなもの?

▶ 認知症には不安や恐怖がつきまとう　　　　　8

▶ そもそも認知症ってなに?　　　　　10

▶ 認知症にかかわる脳の働き　　　　　12

▶ 認知症の種類とその特徴　　　　　14

▶ 認知症の人の不可解な言動への対応法　　　　　18

　　Column「認知」と呼ぶこともNG　　　　　21

第2章 こんなとき、どうかかわればいい?

ここが大切
認知機能の問題と「感じていること」の両面から考えよう　　　　　24

1 「忘れちゃったの!?」記憶や言葉が不確かなとき

• 何度も同じことを尋ねてきます……　　　　　26

• 包丁の使用は禁止すべきでしょうか……　　　　　30

•「お金を盗られた」と大騒ぎします……　　　　　34

• 何度伝えても薬を飲み忘れます……　　　　　38

• 人や物の名前が出てこないようです……　　　　　42

• 歯ブラシの使い方がわからないようです……　　　　　46

• 聞いていることに正しく答えてもらえません……　　　　　50

　　Column 高齢者は青春時代の話が好き?　　　　　54

2 「ちゃんと見えてる?」 視空間認知が歪んでそうなとき

- 左側にある食事だけ残します……　　　　　56
- 車から降りるのをこわがります……　　　　60
- 一人で着替えができません……　　　　　　64
- 日付や季節がわかっていないようです……　68
- トイレの場所がわからないようです……　　72

　　　Column 見えていないわけではない！　　76

3 「こんな人だったっけ?」 人格が変わったと感じるとき

- 食べられないものを口に運びます……　　　78
- こだわりが強くなりました……　　　　　　82
- 声をかけても反応がありません……　　　　86
- もの忘れの自覚がありません……　　　　　90
- まわりの人の言動の真似をします……　　　94
- なぜか突然怒り出します……　　　　　　　98

　　　Column 「原始反射」が役に立つ　　　102

4 「やたらとネガティブ……」 気持ちが落ち着かないとき

- どうしてもお風呂に入りません……　　　　104
- ボーっとしていて何もしようとしません……　108
- ネガティブなことばかり言います……　　　112
- 「家に帰りたい」と何度も言います……　　116
- まわりの人に暴言を吐きます……　　　　　120
- まわりの人をこわがります……　　　　　　124

　　　Column よりよい生活の条件　　　128

目次

第3章 コミュニケーションをとるときのポイント

▶ なぜ、コミュニケーションが大切なのか　　130

▶ コミュニケーションをとるときの9原則

❶ ふだんどおりのコミュニケーションを心がける　　133

❷ 自己決定をうながす　　135

❸ 難聴がないか確認する　　137

❹ 注意がどこに向いているかを確認する　　138

❺ 1つひとつ会話の内容を区切り、応答を急かさない　　139

❻ 質問の仕方を工夫する　　140

❼ 言葉以外のコミュニケーションを意識する　　141

❽ かかわり続ける　　142

❾ 誠実に向き合う　　143

Column 非言語と周辺言語の活用　　145

第4章 役立つ制度・サービス・考え方

▶ 身近な人に認知症が疑われたら　　148

▶ ケア・ライフ・バランスを大切に　　153

Column「早期診断、早期絶望」から「早期診断、早期希望」へ　　155

おわりに

著者紹介

第 1 章

認知症って
どんなもの？

認知症には不安や恐怖がつきまとう

認知症への偏見

　認知症は、2004年に名称が変更される前は「痴呆」と呼ばれていました。「痴」にも「呆」という言葉にも、「ばか」「まぬけ」といった侮蔑的な意味が含まれており、認知症になると何もわからなくなるといった偏見があったのです。

　これは、現在ほど高齢化が進んでおらず、認知症の人の数も少なかったため、認知症に社会的な関心が払われていなかったことがその一因なのかもしれません。

認知症は恐れられている

　現在はどうでしょうか。筆者らは以前に認知症の診断に対する態度に関する調査を行いました[1]。認知症を含むいくつかの病気を並べ、どの病気になりたくないかを選んでもらったところ、一番なり

たくない病気は悪性新生物（がん）で、二番目が認知症でした。ただ、高齢者は認知症を恐れる人が多い傾向がありました。

　なぜなりたくないと思うのか、その理由も尋ねたところ、がんの場合は「身体症状や薬の副作用の問題」や「長く生きられないから」が多かった一方で、認知症の場合は「生活上の問題（介助が必要になる）」「社会的な問題（偏見、差別）」が多く挙げられました。

　認知症になることで周囲の人からどう思われるか、自分では何もできなくなって家族に迷惑をかけてしまうのではないか、そうした不安や恐怖が認知症にだけはなりたくないという気持ちにつながっているのだと思われます。かつて「痴呆」と呼ばれていたことの影響も少なからずあるのかもしれません。

Oba et al. (2021). Attitude toward dementia and preferences for diagnosis in Japanese health service consumers. BMC Health Services Research, 21, 411.

認知症になることへの不安や恐怖が読み取れます

Key Point

☑ 認知症の人のほとんどは、不安や恐怖をかかえていると思われます。まずはその気持ちをしっかりと見つめましょう。

そもそも認知症ってなに?

認知症は「病気」ではなく「状態」

認知症は、正確には「病気」ではありません。

「何かしらの原因によって脳に器質的・機能的な障害が起こった"状態"」のことを指します。

それは、イメージとしては腹痛と同じようなものです。腹痛の原因は「食べすぎによる胃もたれ」の場合もありますし、「食中毒」の場合もあります。認知症も同様に、脳に影響を及ぼす原因となる疾患(病気)はさまざまにあります。

原因が異なると、必要となるかかわり方も変わってきますので、まずは認知症の原因疾患について詳しく見ていきましょう。

ちなみに、認知症の最大のリスク因子は加齢です

認知症の原因疾患

認知症の原因となる代表的な疾患は「アルツハイマー病」です。脳の中に異常なタンパク質が溜まり、正常な脳の神経細胞を壊して脳を萎縮させる病気で、およそ7割の認知症がこれによって引き起こされます。

「アルツハイマー」という言葉は、初めてこの病気を見つけたドイツの精神科医であるアロイス・アルツハイマー博士の名前を取ったものです。
　アルツハイマー病のほかに頻度が高い原因疾患としては、脳梗塞や脳出血などの「脳血管障害」や、脳の神経細胞にレビー小体と呼ばれる物質が溜まっていく「レビー小体病」などがあります。

「認知症＝もの忘れ」とは限らない

　「認知症＝もの忘れ」、そう思っている人も多いと思います。これは、必ずしも正しいとはいえません。
　たとえば、アルツハイマー病による認知症（アルツハイマー型認知症）では初期から記憶障害が見られますが、レビー小体病による認知症（レビー小体型認知症）では初期には記憶障害はあまり目立たないこともあり、むしろ視覚機能の異常（幻視）がよく見られます。
　これは、認知症の原因疾患によって障害されやすい脳の領域が異なるからです。裏返せば、原因疾患を把握していれば、障害されやすい脳の領域がわかり、どのような問題が起こりうるか想像しやすくなります。

アルツハイマー病の場合には記憶を司る脳の領域の障害が、レビー小体病の場合は視覚を司る脳の領域の障害が初期には目立ちます

> **Key Point**
> ☑ 認知症はもの忘れ（記憶障害）以外にも、さまざまな症状が見られます。
> ☑ 障害されている脳の領域とその働きについて理解しておけば、どのような症状が出るのかを予測することができます。

認知症にかかわる脳の働き

脳の4つの領域とその働き

　認知症の原因疾患は、脳の病気です。脳の構造や機能は複雑で難解ですが、脳の働きを理解しておくと、認知症の人の言動や心の理解が深まります。
　ここでは、脳の4つの領域とその働きを簡単に紹介します。

脳の表面は大きく前頭葉、側頭葉、頭頂葉、後頭葉の4つの領域に分かれていて、それぞれ異なる機能があります

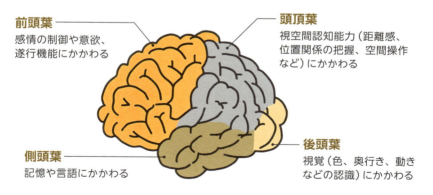

前頭葉
感情の制御や意欲、遂行機能にかかわる

頭頂葉
視空間認知能力（距離感、位置関係の把握、空間操作など）にかかわる

側頭葉
記憶や言語にかかわる

後頭葉
視覚（色、奥行き、動きなどの認識）にかかわる

大庭輝・成本迅（2016）．高齢者ケアに脳科学の知見をどのように取り入れていけばいいのか 高齢者のケアと行動科学 21, 2-12.

側頭葉	記憶や言語にかかわる領域
	[障害されると……]
	● 新しいことを覚えることが難しくなったり、物の名前や使い方がわからなくなったりする
	● 言葉の理解にも関与しているため、相手の話が理解できずに尋ねたことと違うことを答えるといった様子も見られるようになる
頭頂葉	視覚や聴覚、皮膚に触れた感覚（体性感覚）など、外界から入力されたさまざまな情報を統合する領域
	[障害されると……]
	● 使い慣れた道具をうまく使えなくなったり、服がうまく着られなくなったりする失行が見られる
	● 読み書き・計算の障害や、視覚的な注意の障害、道に迷いやすくなるなど、多様な症状を呈する
後頭葉	視覚（色や形、奥行き、距離感、動きなどの認識）にかかわる領域
	[障害されると……]
	● 視野が偏ったり、色や人の顔がわからなくなったりする
	● 物品を見ても何かわからない視覚性失認が見られる
前頭葉	論理的思考や判断、意欲、運動などにかかわる領域
	[障害されると……]
	● 自発的な行動が見られず何も関心がないような様子が見られる
	● 自分の欲求を抑えることができず思ったとおりの行動をしてしまう
	● 特定の同じ行為を繰り返す常同行動が見られる

Key Point

☑ 側頭葉、頭頂葉、後頭葉は外界からのさまざまな刺激（音、匂い、光、手触りなど）を入力し処理する領域で、前頭葉は入力された情報をもとに行動を組み立て外界に出力する領域です。

☑ 認知症の原因疾患によって障害されやすい脳の領域が異なります（「認知症の種類とその特徴」（p.14〜15）参照）。

認知症の種類とその特徴

4大認知症

　認知症の中でとくに多いのは、アルツハイマー型認知症、血管性認知症、レビー小体型認知症、前頭側頭型認知症の4つです。

　これらは「4大認知症」と呼ばれています。

アルツハイマー型認知症	・原因疾患は**アルツハイマー病** ・初期には**側頭葉**の内側部にある海馬の萎縮や**頭頂葉**の機能の低下が目立ち、記憶障害により同じことを何度も尋ねたり、時間や場所の認識が難しくなり道に迷ったりする ・徐々に進行していくため、気づきにくい
血管性認知症	・**脳梗塞**や**脳出血**などにより脳が障害されることで起こる（脳梗塞発作を呈することなく発症している場合もある） ・障害された脳領域によって症状は異なるが、無気力になったり、段取りを立てて行動することが難しくなったりする ・喫煙や多量飲酒などの生活習慣の乱れがリスク因子であるため、生活習慣の改善によってある程度予防が可能
レビー小体型認知症	・原因疾患は**レビー小体病** ・**後頭葉**周辺の機能低下により、幻視（実際には存在しない対象が見える）のような視覚面の問題が見られる ・パーキンソン症状（手の震えや小刻みな歩行など）が特徴であり、とくに転倒に注意が必要 ・初期には記憶障害が目立たないこともある ・睡眠中の異常行動が見られることもある

前頭側頭型認知症	• 前頭葉と側頭葉が障害される認知症 • 若年で発症しやすい • 何事にも無関心になったり、逆に行動の抑制が利かず怒りっぽくなったり、自分勝手な振る舞いをしたりする（社会のルールを守れず、スーパーなどで万引きをしてしまうこともある）

原因疾患別の認知症割合

　認知症の原因疾患は数多くありますが、2013年の全国調査の報告では、アルツハイマー型認知症と血管性認知症で8割以上を占めることが示されました。

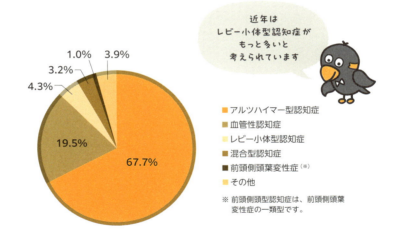

朝田隆（2013）都市部における認知症有病率と認知症の生活機能障害への対応．厚生労働省科学研究費補助金認知症対策総合研究事業平成23年度〜平成24年度総合研究報告書

改善する可能性がある認知症

　認知症は治らないと思われています。たしかに、アルツハイマー病など、脳の神経細胞が徐々に失われていく変性疾患による認知症については、根治する方法がまだ見つかっていません。

　ただ、認知症の原因疾患の中には、外科的手法や薬の服用により改善が見込まれるものもあります。

例1　特発性正常圧水頭症

- 脳や脊髄を流れる髄液がうまく循環せずに脳内に溜まり、内側から脳を圧迫することで症状が現れます。
- 歩行障害、認知機能の低下、失禁が3大徴候といわれていますが、いずれも高齢者によく見られる症状のため、発見するのが難しいことが少なくありません。
- 日本で行われた調査では、高齢者の3％程度に見られるという報告もあり[2,3]、高齢者の病気の中では稀なものではないと考えられています。

正常な脳　　　　特発性正常圧水頭症

髄液が溜まり脳を圧迫

> **例2** 慢性硬膜下血腫

- 転倒などで頭をぶつけた際などに起こった脳内の出血が、時間を経ることで血腫となって脳を圧迫することにより起こります。
- 血腫を除去することで症状の改善が期待できるため、頭部に衝撃を受けた際には経過を観察することが大切です。

正常な脳

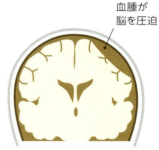

血腫が脳を圧迫

慢性硬膜下血腫

　そのほかにも、改善する可能性のある認知症として、甲状腺機能低下症やビタミンB12欠乏症等によるものが知られています。

いずれも早期に発見し、治療につなげることが望まれます

Key Point

- ☑ ケアの方針は、認知症の種類（原因疾患）、障害される脳の領域にもとづいて考えていきましょう。
- ☑ 改善する可能性がある認知症もあるので、気づけるように知識をもっておくとGoodです。

認知症の人の不可解な言動への対応法

認知症の行動・心理症状（BPSD）

　認知症の人の介護で大変なのは、暴言や拒否、自分勝手なふるまいといった行動や、うつや無気力、妄想や幻覚などの精神症状だといわれています。

　これらの介護者が困る行動・精神上の問題は、「認知症の行動・心理症状」と呼ばれています（英語のBehavioral and Psychological Symptoms of Dementiaの頭文字をとってBPSDともいわれます）。

　認知症の行動・心理症状（BPSD）は理由がはっきりしないことが多いため、その対応は介護のプロであっても難しく、ストレスをかかえることが少なくありません。そのため、最後の手段として向精神薬（脳に作用する薬の総称です）が使用されることがあります。

> **プラス+α**
> 　「薬は最後の手段」というのは、「まずは介護の工夫でどうにかできないか検討しましょう」ということを意味します。
> 　この考え方は、厚生労働省の「かかりつけ医のためのBPSDに対応する向精神薬使用ガイドライン（第2版）」に示されています[4]。

介護の工夫については第2章で解説していきます

向精神薬を服用するときの注意点

　認知症の人に限らず、高齢者は加齢による身体機能の低下によって薬の副作用が出やすくなります。とくに、認知症高齢者に対する抗精神病薬（おもに統合失調症の人に使う薬）の使用は死亡率を高めるという警告が出されていることもあり、服用に際しては注意が必要です。

　薬を使用する場合には、薬を使用し始めた前後の様子の変化をきちんと観察しておきましょう。薬によっては副作用で怒りっぽくなることもありますし、逆に1日中ウトウトしたような状態になることもあります。こうした様子の変化が見られると、実際には薬の影響であるにもかかわらず、「認知症が進行した」と勘違いしてしまうこともあるので注意が必要です。

　日本で行われた、高齢者施設での薬の副作用の発生数を調べた研究によると、薬による問題の1/3程度はモニタリングなど薬の管理を徹底することで予防可能であるとされています[5]。

　もちろん、介護を続ける中では薬の服用が必要になる場面があります。ただ、薬はときに毒にもなり得ます。薬の有効性を判断して調整するのは医師の仕事ですが、その判断のもとになる情報を伝えることができるのは、ふだん生活を共にしている介護者です。

　介護者自身も薬に関心をもち、どのような副作用が見られる可能性があるか、どのようなことに気をつけて観察すればよいかについて、医師や薬剤師にあらかじめ相談しておくとよいでしょう。

当事者の視点

　認知症の行動・心理症状（BPSD）は、認知症の人の一見不可解な言動を「症状」としてとらえたものです。一方で、当事者の視点に立ってみると、直面している問題をなんとか解決しようと試みる行動であるともとらえられます。こうした当事者の視点から、近年では認知症の行動・心理症状（BPSD）を「チャレンジング行動」と呼ぶこともあります。

　人間は、自分の視点や枠組みで物事をとらえがちです。当事者の視点に立ってみることで、認知症の人とどうかかわったらよいのか、工夫をするためのヒントが得られますので、常に意識するようにしてみましょう。

Key Point
- ☑ 認知症の行動・心理症状（BPSD）への対応として、まずは介護の工夫でどうにかできないか検討することが求められます。
- ☑ 薬を使用する場合には、副作用などに細心の注意を払いましょう。
- ☑ 当事者の視点に立って考えてみることで、かかわり方の工夫に気づけるかもしれません。

= Column =

「認知」と呼ぶこともNG

　日本で行われた認知症の人の家族153名を対象とした調査では、『「痴呆」という言葉よりも「認知症」のほうが不快感が少ないと思うか』という質問に「そう思う」と答えた人の割合が71.6%にものぼりました[6]。「痴呆」から「認知症」へと名称が変わったのは、認知症に対する偏見を減らすことに役立ったことがわかります。

　ただ、「認知症」という名称になったことで、今度は認知症のことを「認知」と呼ぶ人が現れるようになりました。先の調査では、『「認知」という呼び方を「認知症」よりも不快に感じるか』という質問もなされたのですが、結果としては「そう思う」34.6%、「そう思わない」25.2%と、不快に感じる人の方が多いことがわかりました（残りの40.1%は「どちらでもない」）。

Q 「認知」という呼び方を「認知症」よりも不快に感じるか

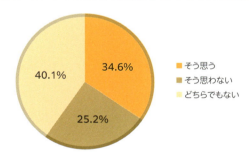

　そもそも「認知」は人の情報処理のプロセスを指す言葉で、「認知症」とは異なる意味をもつものです。中途半端に略さず、「認知症」と正しく呼ぶことが望まれます。

文献

1 Oba et al. (2021). Attitude toward dementia and preferences for diagnosis in Japanese health service consumers. BMC Health Services Research, 21, 411.

2 Nakashita et al. (2015). Clinical assessment and prevalence of parkinsonism in Japanese elderly people. Acta Neurologica Scandinavica, 133, 373-379.

3 Tanaka et al. (2009). Prevalence of possible idiopathic normal-pressure hydrocephalus in Japan: the Osaki-Tajiri project. Neuroepidemiology, 32, 171-175.

4 厚生労働省（n.d）かかりつけ医のためのBPSDに対応する向精神薬使用ガイドライン（第2版）https://www.mhlw.go.jp/content/001241506.pdf（2025年1月6日検索）

5 Ayani et al. (2022). Epidemiology of adverse drug events and medication errors in four nursing homes in Japan: the Japan Adverse Drug Events (JADE) Study. BMJ Quality & Safety, 0: 1-10. 山中克夫監訳

6 Yamanaka et al. (2021). Cross-sectional survey of the replacement of the Japanese term for dementia: did it reduce discomfort in family members. Brain and Behavior, 11:e02012

第 2 章

こんなとき、
どうかかわればいい？

認知機能の問題と「感じていること」の両面から考えよう

認知症になっても、感情は最後まで保たれます。

そのため、**認知症の人とかかわる際には、認知機能の問題を把握しつつ、その人がどのように感じているかを見つめることが大切**です。

本章では、認知症の人に不可解な言動が見られたときのかかわり方を、次のように1事例あたり4ページ構成でまとめました。

ページ1
本人はどう感じている？
介護者を困らせがちな認知症の人の言動と、
そのときの本人の心の中をマンガで表現します。

ページ2
認知機能のどこに問題がある？
言動の原因となる認知機能の問題や
心の働きについて解説します。

ページ3
共感するためのヒント
私たちも認知症の人と似たような
体験をしていることを例示し、
認知症の人が感じていることを
自分の経験に引きつけて
理解できるようにします。

ページ4
かかわり方のポイント
ページ1〜3をふまえ、
どうかかわればよいかをまとめます。

「そっか！ そう感じてるんだ！」と共感できれば、イライラせず優しい気持ちのままかかわれるようになるはずです。

1

「忘れちゃったの!?」

記憶や言葉が

不確かなとき

何度も同じことを尋ねてきます……

▼本人はどう感じている?

認知機能のどこに 問題がある??

「記憶のプロセス」に問題が生じている

　「忘れる」というのは誰もが経験します。物で散らかった部屋から特定のものを見つけるのが難しいように、記憶に情報が溜まりすぎると必要なことをなかなか思い出せなくなってしまいます。実は、私たちは「忘れる」ことで不要な情報を整理しているのです。

　それでは、「忘れる」という現象はどのようにして起こるのでしょうか？

　記憶のプロセスは、次のように記銘（覚える）・保持（覚えておく）・想起（思い出す）の3つの段階に分けられます。

　私たちが経験する「忘れる」という状態は、多くは想起の問題（思い出せない）です。一方、認知症がある場合には、記銘や保持の問題により起こっていることがほとんどです。つまり、何かを思い出せないのではなく、「そもそも覚えることができていない」のです。

　同じように「忘れている」という状況でも、問題となる記憶のプロセスが異なっているのです。

共感するための ヒント

「覚えていない」ことは、不安を生み出す

　私たちも、出来事を忘れてしまうことはよく経験します。

　たとえば、「友達と出かける口約束をして、その場で待ち合わせ時間を決めたけれど、後になってその時間を思い出せなくなってしまった」という場面を想像してみてください。

　このとき、あなたはどのような気持ちになり、どのような行動をとるでしょうか？　おそらく、「約束をすっぽかしたらどうしよう」などと不安（心配）になって、メールや電話で友達に待ち合わせ時間を確認するでしょう。

　不安は不快な感情です。私たちはこうした不快な感情をいだいたとき、それに対処しようとさまざまな行動をとります。待ち合わせの時間を確認することはその１つです。そうすることで私たちは不安を取り去り、安心することができます。

　認知症の人が誰かに尋ねるという行為も、わからないことを教えてもらって安心を得るためのものなのです。

かかわり方の **ポイント**

障害されている記憶のプロセスに応じて
かかわり方を変えよう

　記憶のプロセスのどこが障害されるかは、認知症の進行の程度によって異なります。このような状況では、まずは記銘・保持・想起という記憶のプロセスのどこに問題があるのかに注目してみましょう。

　想起ができない場合には、さっき何かを尋ねたという大まかな体験は覚えていますが、詳細がわからなくなりがちです。そのため、メモを渡すなど目に見える形で残しておくと、自分で確認することができるので安心につながります。

　一方で、記銘や保持ができていない場合には、このような工夫をしても、メモの存在自体を忘れてしまうのであまり効果がありません。「ちょっとお茶でも飲んで待っといて」「テーブルを拭いといてもらえる?」などと、本人が気にしていることから気をそらすようにするとよいでしょう。

▶ 認知症の人が同じことを繰り返し質問してくるのは、わからないことによる不安を解消しようとする本人なりの試みです。
▶ どのようにしたら安心できるかを考えることが大切です。

包丁の使用は禁止すべきでしょうか……

▼本人はどう感じている?

| 認知機能のどこに | 問題がある？？ |

問題はないことがほとんど。
身体で覚えた「動作や技能の記憶」は保たれやすい

　車の運転や包丁の使い方などの「動作の記憶」は、身体で覚えた記憶であり、「手続き記憶」と呼ばれます。

　たとえば車の運転をするときに、「ブレーキを○kgの重さで何秒間かけて踏んで……」などと考えることはありません。手続き記憶とは、自分の経験にもとづいて、ほとんど意識することなく行うことができる運動の記憶であり、「言葉で説明ができない（しにくい）」という特徴があります。

　認知症の人は、「昨日○○をした」などと言葉で説明できる出来事の記憶（エピソード記憶といいます）は忘れやすくなりますが、手続き記憶は保たれていることが少なくありません。

記憶の種類

言葉で説明できる記憶		言葉で説明できない記憶
エピソード記憶（体験）	意味記憶（知識）	手続き記憶（技能）

※ エピソード記憶は障害されやすく、意味記憶や手続き記憶は障害されにくい。

　料理をよくしていた人であれば、包丁を使って野菜を切るなどの具体的な動作はできることが多々あります。ただ、危険を伴うことがないとはいえません。本人の能力を見極めながら判断する必要があります。

1 「忘れちゃったの!?」記憶や言葉が不確かなとき

> 共感するための ヒント

「できない」と決めつけられると、気分が悪い

　筆者は日常生活で車を運転することがほとんどありませんが、久しぶりに乗ったとしても、運転自体ができないということはありません（うまいかどうかは別ですが……）。

　手続き記憶がどれくらい保たれるかは、このように、しばらく離れていたことを久しぶりにやってみると実感することができます。

　ただ、実際にはできるにもかかわらず、自分の能力を把握していないまわりの人から、「あの人にはできない。任せられない」と評価されたらどう思うでしょうか？　きっと、自分を低く見積もられたことへの怒りや悲しみ、プライドの傷つきを経験することでしょう。

　これは、人には「有能でありたい」「環境にうまく適応したい」という欲求があるからです。

　「できない」と決めつけられると、それによって生まれたネガティブな感情を和らげるために、自分はできる人間であることを強くアピールするかもしれませんし、何を言ってもムダだとあきらめて、他者とのかかわりを避けるようになるかもしれません。

　「できること」に目を向けてほしいと思うのは、認知症の有無にかかわらず、あたりまえの感情です。

かかわり方の **ポイント**

1つひとつの動作に着目して、できることを探そう

　繰り返しになりますが、手続き記憶は「動作の記憶」であり、認知症があっても保たれていることが少なくありません。ここで注意すべきは、「個々の動作ができることと、ある一連の行為を遂行できることは別」だということです。

　その一例として、「包丁を使えるからといって、料理ができるわけではない」ということが挙げられます。

　「料理をする」とは、野菜を切る、お湯を沸かす、炒める、盛りつけるなど、多くの工程を総合したものを指します。つまり、「料理」とは抽象的な概念であり、「料理」という言葉そのものに具体的な動作があるわけではありません。

　そのため、料理がうまくできなくなったとしても、「野菜を切ることはできるか」「お湯を沸かすことはできるか」「炒めることはできるか」など、一連の行為を個々の動作に分けて見ていくと、「できると思っていなかったけど実はできた」という動作が見つかることもあります。

　手続き記憶を生かし、本人ができることはしてもらうよう心がけましょう。

> ▶ 本人ができることを行ってもらうことは、本人の自尊心を保ち、できなくなっていく不安を和らげることに役立ちます。「具体的な動作」に着目し、本人ができることを探す視点が大切です。
>
> ▶ 自分のしたことで感謝される経験は、自己肯定感の向上や承認欲求の充足につながります。

1 「忘れちゃったの!?」記憶や言葉が不確かなとき　33

「お金を盗られた」と大騒ぎします……

認知機能のどこに 問題がある？？

記憶障害がある

　認知症の人には、「もの盗られ妄想」がよく見られます。

　これは、「実際にはそのような事実はないにもかかわらず、お金などの大切な物を盗られたと訴える行動」のことを指します。

　ここでは、なぜ「もの盗られ妄想」が生じるのかを見ていきましょう。

　まず、記憶障害により、出来事を覚えていないことが考えられます。たとえば、棚の上に置いていた財布を、施設の職員に「財布は大切なので引き出しに入れておきますね」と言われたことを覚えていない、といった状況です。本人からしたら、「棚の上に置いたはずなのにそれがない、なぜ？」という気持ちになります。

自分の頭の中で考えたことと現実を区別できない

　ただ、通常は「なぜ？」と思っても「誰かが盗った」という確信にはなかなか至りません。

　ここでは、客観的な事実と主観的な事実を区別する能力（リアリティ・モニタリング）の問題が考えられます。リアリティ・モニタリングがうまく働かないと、自分の頭の中で考えたことと現実が混ざってしまいます。

　もの盗られ妄想は、記憶の問題に加えて、リアリティ・モニタリングがうまく働かないために起こっていると考えられます。

1 「忘れちゃったの!?」記憶や言葉が不確かなとき　35

> 共感するための **ヒント**

想像と現実が混ざってしまうことは誰にでもある

　私たちも、ふだんの生活の中で想像と現実が入り混じってしまうことがあります。

　たとえば、「友人にメールをしたところ、既読にはなったけれども返事がない」という状況を想像してみましょう。実際には相手が単に返信し忘れているだけであったとしても、「何か気に障ることを書いてしまったに違いない」などと考え、気が重くなることがあるのではないでしょうか。

　記憶やリアリティ・モニタリングが認知症の人に比べて保たれていると考えられる私たちであっても、想像と現実が混ざってしまうことはしばしば経験するものなのです。

> **プラス+α**
>
> 　私たちは、想像と現実が混ざってしまっても、「考えすぎだ」などと、ほかの可能性を考えることができます（できないこともありますが……）。
> 　一方、認知症の人は、いったん思い込んでしまうとほかの可能性に目を向けることが難しくなってしまいます。妄想はこのようにしてつくり上げられるのです。

かかわり方の ポイント‼

否定せず、本人の世界に寄り添おう

　もの盗られ妄想に対しては、客観的な事実に合わせた対応ではなく、本人の主観的な事実に寄り添うことが大切です。

　「棚の上に置いていた財布を盗られた」と本人が思っているのに、「そんなことないでしょ」という応答をすると、本人からしたら「なんでそんなこと言うんだ」と不快に感じたり、時には「そんなふうに言うのはアンタが盗ったからだ」などと、より妄想を強めたりしてしまうこともあります。

　まずは財布を盗られたという怒りや悲しみなどの本人の気持ちに寄り添いましょう。そのうえで、「一緒に探してみましょう」などと伝えると、本人も納得しやすくなります。

　ただ、介護者が先に見つけてしまうと、「やっぱりアンタが盗ったんじゃないか！」と関係がこじれてしまうことがあるため、注意が必要です。本人が自分で見つけられるように、「こっちも探してみたらどうですか？」などと声をかけたり指で示したりして、本人の行動をうながすとよいでしょう。

> ▶ 妄想への対応は「説得」では効果がありません。
> ▶ 「説得」ではなく「納得」してもらうにはどうしたらよいか、本人の世界への寄り添い方をじっくり考えてみましょう。

1 「忘れちゃったの⁉」記憶や言葉が不確かなとき　37

何度伝えても薬を飲み忘れます……

認知機能のどこに 問題がある??

未来の予定に関する記憶が働かなくなっている

　未来の予定を遂行するためには、「いつ、何をするのか」を覚えておくことが欠かせません。さらには、「その予定を適切なタイミングで思い出す」ことが必要となります。

　このような未来の予定に関する記憶を、「展望記憶」といいます（記憶は過去に経験したことだけを指すものではありません）。

展望記憶の仕組み

| 【予定の**存在**の想起】
何らかの予定があることを
適切なタイミングで思い出す | | 【予定の**内容**の想起】
予定の詳細を思い出す |

　例　8時になったら薬を飲む予定がある場合
- **存在の想起**
  ➡ 8時になり「何かをしないといけなかった」と思い出す
- **内容の想起**
  ➡ 「何か」＝「薬を飲むこと」だと思い出す

　「ある予定を適切なタイミングで思い出す」ことができなければ、薬を飲み忘れてしまったり、待ち合わせをすっぽかしてしまったりといったことが起こりやすくなります。

　また、「その予定がどんな内容だったかを思い出す」ことができなければ、「何かしなくてはいけないことがあったんだけど、何だったかな……」という状況につながります。

　つまり、エピソード記憶による問題が「ど忘れ」だとすると、展望記憶による問題は「し忘れ」となって現れるのです。

> 共感するための **ヒント**

展望記憶がカンペキな人はいない

　私たちは、日々多くの予定を記憶しなくてはいけません。しかし、すべてのことを頭の中にとどめておくことは困難です。そのため、手帳やスマートフォンのカレンダーアプリなどを使用して、なるべく予定を忘れないようにしています。

　実は、私たちも展望記憶に不安をもっており、無意識のうちに展望記憶を補完する工夫を日々しているのです。

　とはいえ、こうした工夫をしていても、いざそのタイミングになったときに忘れてしまうこともあります。たとえば、職場からの帰り道に「この手紙をポストに投函して帰ろう」と心に決めていたとしても、歩いているときに別のことを考えていたらつい投函し忘れてしまった、などという経験をしたことはないでしょうか。

　展望記憶のエラー、すなわち「し忘れ」は、ちょっとしたことで簡単に起こるのです。

し忘れを「どうして!?」と責められても困りますよね……

かかわり方の ポイント!!

予定を思い出してもらえる工夫をしよう

　展望記憶の機能が低下している場合、スマートフォンのアラームや通知機能などの「リマインダー」を利用してもらうことが役に立ちます。服薬管理の場合には、「お薬カレンダー」を使用してもらうのもよい方法です。

　また、声かけの工夫として、「時間ベース」と「事象ベース」という考え方があります。時間ベースは「○時になったら薬を飲みましょう」など、時間を軸にした伝え方をいいます。一方、事象ベースは「ご飯を食べたら薬を飲みましょう」など、出来事を軸にした伝え方をいいます。

　ちょっとした違いですし、どちらがよいというものでもありません。ただ、どちらの声かけをしていたかを振り返り、変えてみるだけで、問題が改善されることもあります。

　展望記憶の機能低下が重度になると、本人だけで予定を管理して遂行することは難しくなります。とくに、服薬管理の失敗は命にかかわることもあります。上記のような工夫をしても改善が見られなくなったときには、家族や専門職など、周囲の人が本人のかわりにリマインダーにならなくてはいけません。薬を飲む時間に電話をかける、訪問看護などによる服薬介助を利用する、といった方法で生活を支えていく必要があります。

▶ まずはツールの活用、声かけの工夫で対応してみましょう。
▶ どうしてもうまくいかないこともあるので、そのときは事細かな支援が必要となります。

人や物の名前が出てこないようです……

認知機能のどこに 問題がある⁇

言いたい言葉が浮かばない「喚語困難」が生じている

　言語には大きく「発話」と「理解」の２つの側面がありますが、ここでは「発話」の問題の１つである「喚語困難」の可能性が考えられます。

　喚語困難とは、単語を思い出せず言葉をうまく出せないことをいいます。
　似たような現象は、健常な加齢の中でもたびたび見られます。それは、思い出そうとしている言葉や名前が「喉まで出かかっているけれども出てこない」という、心理学で「喉まで出かかる現象（Tip of the Tongue; TOT現象）」と呼ばれるものです。喚語困難という用語はおもに医療場面で用いられるのに対し、TOT現象は日常場面の様子を説明した用語です。

　喚語困難がある人は自発的に単語を思い浮かべることが難しくなりますが、見たり聞いたりなどの何らかの刺激がきっかけとなって言葉が出てくることもあります。

> 共感するための **ヒント**

「わかってくれる人」に、そばにいてほしい

　「伝えたいことがあるのに言葉が出てこない」というのは、とてももどかしいものです。

　ちょっと想像してみましょう。

　言葉が出てこない中で、あなたなりに伝えようと頑張っている。それなのに、いちいち間違いを指摘されたり、相手からあきれられたり、会話を打ち切られたりしてしまう。

　このような状況が続いたら、あなたはどう思うでしょうか。

　多くの人が、「この人とはもう話したくない」と思うでしょう。

　コミュニケーションをとる際には、受け止める側の「相手を理解しようとする気持ち」が欠かせないのです。

「相手を理解しようとする気持ち」は
相手がどんな人であれ
常に意識したいものですね！

かかわり方の ポイント！！

質問を交えながら、伝えたいことを推測しよう

　喚語困難は、「言いたい言葉が出てこない」という想起の障害です。言葉そのものを忘れてしまったわけではありません。

　そのため、「それって〇〇のコト？」などと質問してみると、「そうじゃなくて、あの番組に出てた……」などと、出てこない言葉に関連する周辺的な情報を話してもらえたり、「そうそれ！」と反応してもらえたりすることがあります。

　このように、喚語困難のある人と会話をするときには、相手が何を言いたいのかをあれこれ推測して尋ねてみることが必要です。

　ただ、何を言いたいのかがどうしてもわからないこともあるかもしれません。しかし、イライラして「何が言いたいの⁉」などときつい言い方をしてしまうと、認知症の人との関係はギクシャクしてしまいます。

　不思議なことに、認知症の人同士のやりとりを聴いていると、「客観的にはまったく会話が成立していないのに当事者たちは楽しそう」という様子が見られます。会話の内容や正確さにこだわらず、会話という行為を楽しむことに気持ちを向けてみるとよいかもしれません。

> ▶ 言葉がうまく出てこないことによって、会話をすることに苦痛を感じてしまう人もいます。
> ▶ 伝えたい内容を推測し、「はい」「いいえ」で答えられる質問をするなど、相手が話しやすくなる工夫が必要です。
> ▶ 会話が成立しなくても、会話という行為そのものを楽しんでみましょう。

1 「忘れちゃったの⁉」記憶や言葉が不確かなとき　45

歯ブラシの使い方がわからないようです……

46　第2章　こんなとき、どうかかわればいい？

> 認知機能のどこに 問題がある??

その物に関する知識が失われている

　物の名前や使い方など、いわゆる「知識」に関する記憶のことを「意味記憶」といいます。

　たとえば「歯ブラシ」であれば、「歯を磨くためのもの」「虫歯予防のためのもの」などと思い浮かべることができると思います。認知症によって意味記憶に障害が起こると、その物に関する知識そのものがなくなってしまいます。

　そのため、歯ブラシを渡されたとしても、それは初めて見る物として認識されます。「歯ブラシですよ。これで歯を磨いてください」という声かけをしたとしても、歯ブラシという名称もわからなくなっているため、効果は見られないことがほとんどです。「"はぶらし"ってなんですか？」といった発言もよく聞かれます（言葉が出てこないという点では喚語困難に似ていますが、喚語困難は言葉そのものを忘れてしまっているわけではない点で異なります）。

共感するための ヒント

使い方がわからない物には戸惑う

　家の近所に100円均一のお店があれば、覗いてみてください。「これはいったいどうやって使うんだろう？？」という不思議な商品であふれています。

　私たちも、知識として意味記憶に蓄えられていないものは使い方がわかりません。あれこれ試行錯誤したり、本来の使い方があるのに置物と勘違いして部屋に飾ったりしてしまうこともあるかもしれません。こうした状況は、私たちにその商品についての意味記憶が形成されていないために起こります。

　意味記憶に障害が生じると、馴染みのない物から名称や使い方がわからなくなっていきます。物品の名前や使い方がわからないときの戸惑いを思い浮かべると、意味記憶に障害がある人の体験を想像できると思います。

かかわり方の **ポイント**

本人ができる動作を探り、行ってもらおう

　意味記憶に障害がある人に言葉で説明して理解してもらうことは難しいですし、ジェスチャーなども伝わりにくく、意思疎通がなかなかできなくなります。

　道具については、馴染みのない物品から使えなくなっていく傾向があります。どのような物なら使えるか、いろいろと探ってみることが、認知症の人に安心して生活を続けてもらうために欠かせません。

　歯ブラシは比較的馴染みのある物品ですが、それもいつかは使うことができなくなります。歯ブラシの使い方がわからなくなっても、歯に当てて動かす動作はできるか、うがいはできるかなど、生活機能を保つために本人が少しでもできる動作を探し、行ってもらうようにしましょう。

▶ ある道具が使えなくなっても、ほかに使える道具はないか探してみましょう（箸→スプーンなど）。

▶ どうしても意思疎通が叶わない場合もあります。そのときには、本人ができる動作で代替することを考えてみましょう。

聞いていることに正しく答えてもらえません……

認知機能のどこに 問題がある❓❓

「わからない」ことを必死に隠そうとしているだけ

　アルツハイマー型認知症の人は、「取り繕い」をする様子がよく見られます。

　取り繕いとは、何かを尋ねたときに答えがわからなくても、その場をしのぐためにとっさに話を合わせることをいいます。

　取り繕いは一見、事実を話しているように聞こえることもしばしばですが、実際に家族などに確認すると、本人の話とはまったく異なる事実が見えてくることもあります。

　話を取り繕う背景には、「もの忘れがあると思われるのは恥ずかしい」「もの忘れがあると思われたくない」といった心理が働いています。それは本人のプライドにかかわる問題です。

　たとえば、最近のニュースについて尋ねられたとします。テレビはいつもつけているのですが詳細を覚えていません。ただ、「覚えていません」と答えてしまうと、もの忘れがあると思われてしまいます。そのため、「いきなり言われてもパッと出てこない」などと言い訳をすることで、もの忘れがあると思われることを避けようとしているのです。

プラス +α

　取り繕うことには大きな労力を伴います。認知症の人が取り繕いをして状況を乗り越えようとするその様子は、「心の中では爪を立てて絶壁に張り付いている感じ」と表現されることもあります[1]。

1 「忘れちゃったの!?」記憶や言葉が不確かなとき　51

共感するための ヒント

「知ったかぶり」をしてしまうことはある

　わからないことを尋ねられたときに、つい「知ったかぶり」をしてしまった経験はないでしょうか。そのとき、「知らないと思われると恥ずかしい」などと思っていなかったでしょうか。

　知ったかぶりをしたことが相手に知られてしまったり、間違いを正されたりすると、対人関係はギクシャクします。私たちは自分が知ったかぶりをしたとしても、それを指摘してほしいとは思わないでしょう。

　私たちは、知ったかぶりをすることによる将来的なデメリットなどを考えて、それをしないようふるまうことができます。一方で、認知症の人は先を見通す力が低下しているため、取り繕いをしないように自分をコントロールすることができず、その場しのぎの発言をしてしまうのです。

　知ったかぶりをしたときの気持ち、それを指摘された状況を想像してみてください。取り繕う人の気持ちや、どうかかわったらよいかもわかるのではないでしょうか。

かかわり方の **ポイント !!**

プライドを傷つけないようにしよう

　「もの忘れがあると思われるのは恥ずかしい」といった恥の感情や、「もの忘れがあると思われたくない」といったプライドは、他者との関係性から生まれる社会的な感情です。取り繕い反応があることは、他者との関係の中でうまく生活していきたいという感情が保たれている証拠でもあります。

　介護者の立場からは、取り繕いによる応答に対して、「またあんなこと言ってるよ」と思ったり、「そうじゃないでしょ」などと指摘したりしてしまいがちです。ただ、こうした指摘をされることは、認知症の人にとってはプライドが傷つけられる体験です。本人なりに尋ねられたことに回答しようという試みなのだということをふまえたうえで、本人のプライドを尊重し、否定せずに話を合わせることが大切です。

　ただ、支援のために認知症の人の生活状況の聴き取り等を行うときに関しては、話はちょっと異なります。こうした聴き取りの際に取り繕われてしまうと、誤った支援計画の作成につながりかねません。認知症の人の話には寄り添いつつ、あとで家族等に事実を確認することも必要となります。

> ▶ 取り繕いは「尋ねられたことに回答しようという試み」であることを理解し、否定せずに話を合わせることが大切です。
> ▶ 事実を確認する必要がある場合には、本人がいないところで行う配慮をしましょう。

1 「忘れちゃったの!?」記憶や言葉が不確かなとき　53

Column

高齢者は青春時代の話が好き？

　高齢者に記憶を思い起こしてもらうと、若い頃の記憶がよく思い出されます。こうした現象は、「レミニッセンス・バンプ」と呼ばれます。

　「レミニッセンス」は回想（思い出）、「バンプ」は突起を意味します。思い出の想起量をグラフにしていくと、図のように20代の頃の回想量が多く、突起のような形が描かれることから、このような名前がつけられています。

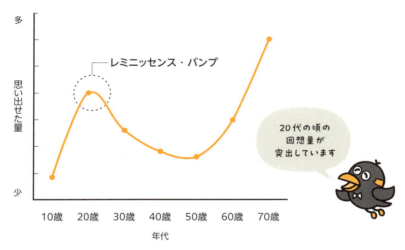

Rubin, D. C., & Rahhal, T. A. (1998). Things learned in early adulthood are remembered best. Memory & Cognition, 26, 3-19. をもとに作成

　認知症の人は、新しいことを覚えることが難しくなる一方で、それまでの人生で蓄積されてきた思い出は記憶の中に残り続けています。

　認知症の人とのコミュニケーションでは、昔話に花を咲かせることも意識してみましょう。

文献
1　クリスティーン・ボーデン著（桧垣陽子訳）(2003). 私は誰になっていくの？―アルツハイマー病者からみた世界―. クリエイツかもがわ.

2

「ちゃんと見えてる?」

視空間認知が

歪んでそうなとき

左側にある食事だけ残します……

> 認知機能のどこに 問題がある??

空間の左側に意識が向かなくなっている

　認知症の人は、視界の半分の空間がまるで見えていないかのような反応を見せることがあります。

　この症状は「半側空間無視」といわれ、脳卒中発作などで脳が障害された後に見られます。多くの場合は左側の半側空間無視が見られます（右側の半側空間無視はあまりありません）。

　「意識が向かない」というのは、見えていない、ということではありません。視覚としては認識しているけれど、半側に注意を向けることができず情報が取り込まれていない、といった状況にあるのです（Column「見えていないわけではない！」（p.76）参照）。

　左半側空間無視には、視野の左側全体に気づかない場合と、注視した対象の左側に気づかない場合の2つのパターンがあります。

　なお、半側空間無視が問題となるのは、食事場面だけではありません。「視野の左側にある柱にぶつかる」「左側からの音に注意を向けられない」などといった状況も見られます。

2 「ちゃんと見えてる？」視空間認知が歪んでそうなとき

> 共感するための ヒント

注意を向けられないと身の危険がある

　歩きながらスマートフォンを見ていた人が駅のホームに落ちてしまった、などというニュースを耳にすることがあります。また、運転中にナビを操作しようとして注意がそれ、事故を起こしてしまう人も一定数いるようです。

　これらは、一箇所にしか注意を向けられなくなることで視野が狭まり、周囲の危険に気づけなくなることによって起こるものです。

　私たちは、注意が向かないと危険だということをある程度理解できるので、歩きスマホや走行中のナビ操作をひかえるという防衛策がとれます。一方、半側空間無視のある人は、そもそも注意が向いていないことを意識できないので、対策が必要だということに気づくことができません。

　ながら歩きの危険性を考えると、半側空間無視のある人は日常的に多くの危険にさらされていることが想像できます。

食事の見落としに危険はありませんが、楽しみがそこなわれているかも……?

かかわり方のポイント
声かけで左空間に気づいてもらえるようにしよう

　意識が向けられていない左空間に気づいてもらうためには、声かけをして注意をうながす対応が考えられます。

　食事を残してしまう場面では、「もう少し左側にも残っていますよ」と指で示しながら伝えることで、気づきをうながすことができます。このとき、本人が認識できる右側から話しかけることが大切です。

　声かけだけでは注意を向けてもらえない場合には、食器の配膳位置を正面ではなく右側に寄せたり、お皿を回転させたりすることで、本人の気づきをうながすことができます。

　半側空間無視のある人は、食事を残してしまう以外にも、壁や柱にぶつかってしまうことも起こり得ます。こうしたことを防ぐためには、左側に壁や柱があることを伝え、繰り返し本人の注意をうながすことが大切です。

▶ 本人が認識できる右側から話しかけ、気づいていないところを指さすなどして注意を向けてもらうようにしましょう。
▶ 過度な声かけで不快にさせないように気をつけましょう。

車から降りるのをこわがります……

認知機能のどこに 問題がある

距離感や奥行きがつかめなくなっている

　視覚的な情報には、形や色、空間（位置や奥行き）、動きなど、さまざまな要素があります。

　このうち、空間の情報に関する認識を「視空間認知」といいます。

　視空間認知に障害が生じると、距離感をつかんだり奥行きを認識したりすることが難しくなります。

　これにより、食事のときに何もないところを箸でつかもうとしたり、トイレで便座にうまく座れなかったり、といった様子が見られます。車から降りるのをこわがる場合には、ちょっとした段差が断崖絶壁のように見えているのかもしれません。

　とくに、レビー小体型認知症の人には、視覚を司る脳の後頭葉の障害が目立つため、このような問題が起こりやすいことが知られています。視空間認知の障害のほかにも、次のような視覚的な問題がよく見られます。

変形視	大きさや形態、向きが変形して見える 例）地面が波打って見える	
幻視	実際には存在しないものが見える 例）実際にはいない人が見える	
錯視	見た対象を誤って認識する 例）電気コードがヘビに見える	

2 「ちゃんと見えてる？」視空間認知が歪んでそうなとき　61

共感するための **ヒント**

脳は意外とだまされやすい

　「エイムズの部屋」という不思議な部屋があります。

　同じくらいの背丈の人が部屋に入って決められた位置に立つと、窓から覗いた人には「天井にまで頭が届く巨人」と「とても小柄な人」が並んで立っているように見える、というものです。

　これは、近くのものは大きく見え、遠くのものは小さく見える、という奥行きの原理を利用したトリックアートです。横一列に並んでいるように見えますが、実際には手前と奥に立っており、かたや巨人、かたや小人に見えるのです。

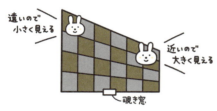

　このように、私たちも特殊な状況下では奥行きをうまく感じることができず、「巨人」に遭遇します。認知症の人が日常的にこのような体験をしているとしたら、少なからぬ不便や恐怖が生じることは簡単に想像できるでしょう。

> かかわり方の **ポイント!!**

恐怖を和らげる環境をつくろう

筆者が出会ってきた認知症のある人の中に、引き戸やエレベーターのレール部分を恐る恐るまたごうとする方がいました。何気ない境目であっても段差として認識し、恐怖を感じているようでした。

こうした恐怖を取り除くには、まずは境目や段差をなくすようなバリアフリー設計の環境を整えることが一番よい方法です。これは、つまずきによる転倒などの事故を防ぐことにもつながります。

ただ、居住環境の改修には多額のお金がかかります。資金の面で改修が難しい場合には、ドアのレールなどの境目が目立たなくなるように絨毯を敷く、踏み台やスロープを置いて段差を小さくしたりなくしたりする、などの工夫をしてみましょう。

外出先などの環境が整えられない状況で段差をこわがる様子が見られるときは、「大丈夫ですよ」などと声をかけて手をつないで一緒に歩く、心の準備が整うまで急かさず待つなど、認知症の人の恐怖を少しでも和らげられるようにすることが大切です。

▶ 本人の恐怖感を和らげられる環境づくりが大切です。絨毯や踏み台、スロープなどを活用してみましょう。
▶ 声かけや手をつなぐなどの心理的な支援もできるとGoodです。

一人で着替えができません……

▼本人はどう感じている?

認知機能のどこに **問題がある**??

動作の順序がわからなくなっている

　運動機能に問題はないにもかかわらず、慣れているはずの動作がうまくできなくなる状態を「失行」といいます。

　失行にはさまざまな種類があり、おもなものは次のとおりです。

パントマイム失行	「バイバイと手を振ってください」と指示された動作や、動きの模倣がうまくできなくなる
道具使用の失行	ハサミなどの道具が使えなくなる
肢節運動失行	ボタンをとめる、ポケットから小銭をとる、といった細かな手指の動作がうまくできなくなる
着衣失行	衣服を正しく着ることができなくなる

　一人で着替えができないのは、着衣失行によるものです。

　着衣失行があると、

- 衣服の表裏がわからない
- かぶるところに手を通そうとする
- どう着たらよいかわからず服を回転させる
- 袖を見つけられない

などの様子が見られます。これは、服と自分の位置関係がうまく理解できないことが理由の1つと考えられます。

　なお、服を着ることができないときは、ほかの問題（半側空間無視など）が原因となっている場合もあります。

2 「ちゃんと見えてる?」視空間認知が歪んでそうなとき　65

> 共感するための **ヒント**

ていねいに説明してもらえると安心する

　プラモデルでも家具でも、何かを組み立てるとき、私たちはだいたい組み立て方の手順が示された説明書を参照します。1つひとつ手順の説明がある説明書であればよいのですが、おおざっぱにしか書かれていないものだと混乱してしまい、組み立て方を間違えてしまうこともあります。そんなときには「もっとちゃんと教えてくれないとわからないよ〜」と文句を言いたくなるでしょう。

　これは、失行のある人も同様です。わけのわからないものを説明もなく手渡されても、どうしたらいいかわかりません。
　わかりやすい説明やうながしがあることで、私たちは安心感を得られるのです。

+α

　相手がわかっている部分をひたすら細かく説明しても、「それはわかってるよ！」となってしまうので、注意が必要です。どこがわかっていないかをしっかり見定めて、必要以上に介入しないようにしましょう。

「必要なときに必要なだけ」、これが意外と難しいですよね……

かかわり方の ポイント!!

1つひとつ順番に動作をうながしてみよう

　まずは、声かけでうながすことでできる動作がないかを確認してみましょう。本人だけではできないことも多いのですが、「まずは袖に腕を通しましょう」「ここが袖ですよ」と伝えてみるなど、1つひとつ順番に伝えていけばできることもあります。

　また、介助をするときには、「着る順番に服を渡す」「袖に腕を通すところだけ手伝う」など、介入する部分を最小限にとどめるよう心がけましょう。このとき、本人がこれから何をされるのかがわかるように、説明や確認の声かけをすることが大切です。

　そのほか、おしゃれの幅は狭まってしまいますが、着る服の種類を絞ることを考えてみてもよいと思います。たとえば、ボタンシャツのような服ではなく、頭からかぶるタイプの服にしてみると、自身の力で着ることができる可能性が高まります。最近では、表裏どちらでも着ることができる服も売られています。

　「なんで着られないの!」などと叱責してしまうと、認知症の人にネガティブな感情が湧いてしまい、関係性が悪くなってしまうので注意が必要です。

▶ 本人の能力を維持するためにも、できる限り本人に動作を行ってもらうよう心がけましょう。

2 「ちゃんと見えてる?」視空間認知が歪んでそうなとき　67

日付や季節が わかっていないようです……

> 認知機能のどこに 問題がある??

時間の流れの中に自分を位置づけられていない

　認知症の人は、時間や場所の認識に障害が生じることがあります。これは「見当識障害」と呼ばれています。

> 見当識は英語でOrientationであり、直訳すると「定位」を意味します。つまり見当識とは、「時間や空間の中における自分の位置を定める能力」と説明できます。

　見当識障害が起こると、過去から現在という時間の流れに自分を適切に位置づけることができないため、今がいつなのかわからなくなります。また、空間の中に自分を位置づけることができないと、今いる場所がどこなのかがわからなくなります。

> 一般的に、時間に関する認識が場所に関する認識よりも先に障害されるといわれています

> 共感するための **ヒント**

生理現象には逆らえない

　見当識障害は、私たちの体内で睡眠と覚醒のリズムを調整している「生物時計」の機能が狂う体験と似ています。

　わかりやすい例として、海外旅行に行ったときに生じる「時差ぼけ」が挙げられます。時差ぼけでは、日中に過剰な眠気が生じたり、疲労感や倦怠感をかかえたりします。

　時差ぼけ以外にも例を挙げるなら、「平日は規則正しく生活し、土日だけ夜更かしをして昼前に起きる」というような、ちょっと乱れた生活をした後に味わう感覚（体が重く感じられたり、1日がやけに長く感じられたりなど）も同じメカニズムで生じるものです。

　生物時計は生理現象の1つで、自分でコントロールできるものではありません。私たちは、それを当然のこととしてとらえています。

　見当識障害のある人の状況もそれと同じで、自然と時間や場所がわからなくなってしまうのであり、本人にとってはあたりまえの現実を生きているのです。

かかわり方の ポイント‼

否定せず、本人の認識を補う方法を探ろう

　見当識障害のある人にかかわるときには、その人が認識している主観的事実を否定しないことが大切です。客観的事実を指摘してしまうと、混乱をもたらしたり、怒りを感じさせたりしてしまうかもしれません。

　実際には80歳なのに「30歳だよ」などと話している場合は、本人はそのつもりですから、本人の話に合わせることが大切です。間違いを正したくなるのは人間の性かもしれませんが、そこはぐっとこらえ、気持ちに余裕をもって話をするようにしましょう。

　そのうえで、必要な場合には、さりげなく正しい認識をもってもらえるようにうながすことが求められます。

　たとえば、私たちは日付を確認するためにカレンダーを利用します。多くは月ごとのカレンダーですが、見当識障害がある場合はカレンダーを見ても今日が何日なのかがわかりません。これを日めくりカレンダーにすると、一気に認識してもらいやすくなります。

　また、真夏の猛暑日に見当識障害のために冬と認識して厚着をしている場合には、熱中症のリスクが高くなりますので、正しい認識をもってもらいたいところです。その方法としては、「室内に季節を感じることができる花を飾る」「一緒に外に出かける」「日々の会話で季節に関連した話題を取り上げる」など、季節を感じられる環境をつくることが考えられます。

> ▶ わからないことを否定せず、さりげなく正しい認識をもってもらえるようにうながす姿勢が大切です。

2 「ちゃんと見えてる?」視空間認知が歪んでそうなとき　71

トイレの場所がわからないようです……

72　第2章 こんなとき、どうかかわればいい？

認知機能のどこに 問題がある??

「頭の中の地図」が不明瞭になっている

　慣れたところに行くとき、私たちは地図を見なくとも目的地にたどり着くことができます。これは、私たちの頭の中に地図ができているからです。

　認知症の人は、この「頭の中の地図」が不明瞭になっていることがあり、よく見知ったところでも迷ってしまうことがあります。

　また、「頭の中の地図」が鮮明であったとしても、場所に関する見当識障害が原因で目的地にたどりつけない、ということも考えられます。

　たとえば、入所している施設を長年住んでいた自宅だと認識している場合には、本人にとっては「あるべきはずの場所にトイレがない」という状況が生じています。この状況は、「自分の家なのにトイレの場所がわからないなんて人には言えない」などと、他者に尋ねることを躊躇してしまうことにつながるかもしれません。

2 「ちゃんと見えてる？」視空間認知が歪んでそうなとき　73

> 共感するための **ヒント**

道に迷うと焦りや不安でいっぱいになる

　認知機能の問題がなくても、よく道に迷ってしまう人はいます。「自分は方向オンチだから」などと家族や友人などと話したことがある方もいるのではないでしょうか。

　目的地にたどり着くためには、自分のいる空間をどのように認識するか（視空間認知能力）だけでなく、目印となる案内板に注意を向けられるか、目印や自分のたどった道を覚えておけるか、といった注意や記憶も影響しています。

　ここで、「誰かと待ち合わせしているのに目的地にたどり着けない、電話も持っておらず連絡がとれない」という状況になったらどのように感じるかを考えてみてください。きっと、ほとんどの人が焦りや不安を強く感じるはずです。

　認知症の人が道に迷っているとき、本人はこうした感情で頭がいっぱいになっていることが考えられます。そして、そのネガティブな感情は、「人に道を尋ねる」といった問題解決の方法を思い浮かびにくくしてしまうのです。

かかわり方の　ポイント！

できるだけ迷わない工夫を考える

　施設や自宅で迷わないようにするための工夫として、「本人がわかる目印をつける」ことが挙げられます。

　認知症の人の場合、視野が狭くなっていたり、注意が向かなかったりして、目印に気づかないことも少なくありません。どこにどんな目印があるとよいか、目印の大きさや示す場所などをいろいろと試してみましょう。

　では、外出先で迷ってしまう場合にはどうすればよいでしょうか。

　最も基本的な対応は、「外出には必ず付き添う」ことです。ただ、知らない間に一人で出かけたり、どうしても付き添う余裕がなかったりなど、対応しきれないこともあるかと思います。

　こうした場合には、「もし一人で外出して道に迷ってしまっても、周囲の助けを借りて戻ってこられる工夫」が必要です。たとえば、本人がいつも身につけている物に、住所や氏名、連絡先を縫い付けておく、スマートフォンのGPS機能を利用する、といった方法が考えられます。

　外出先で道に迷うことは命にもかかわる問題ですので、このような予防策を講じておくことが大切です。

> ► 迷わない工夫として、室内には気づいてもらいやすい目印をつける、外出するときには付き添う、といった対応をとってみましょう。
> ► 外出先で迷ってしまっても帰ってこれるような対策を考えておくことも大切です。

2　「ちゃんと見えてる？」視空間認知が歪んでそうなとき　75

Column

見えていないわけではない！

　半側空間無視のある人は、左右一方（多くは左）にあるものの存在に気づきません。しかし、これは半分の空間が見えていないということではありません。

　そのことを示す研究として、マーシャルとハリガンの報告があります[1]。この研究は、左半側空間無視がある49歳の女性に、以下のような2つの家の絵が描かれたカードを提示し、「どちらの家に住みたいと思うか」と尋ねる、という内容のものでした。女性は2つの絵を「まったく同じだ」と言いながらも、11回のうち9回、炎がないほうの絵を選んだといいます。

　この結果からわかるのは、半側空間無視のある人は意図的に注意を向けることができないだけで、認識はできている、ということです。

文献
1　Marshall & Halligan (1988). Blindsight and insight in visuo-spatial neglect. Nature, 336, 766-767.

3

「こんな人だったっけ?」

人格が変わったと

感じるとき

食べられないものを口に運びます……

認知機能のどこに 問題がある??

自分の行動を止めることができない

　食べられないものを食べてしまう行動を、「異食」といいます。
　異食の対象になるものはさまざまで、ティッシュや家の鍵、時には便も口に運んでしまうことがあります。

　この行動には、「環境依存症候群」と「口唇傾向」という2つが関係しています。

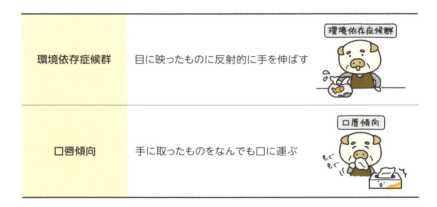

環境依存症候群	目に映ったものに反射的に手を伸ばす
口唇傾向	手に取ったものをなんでも口に運ぶ

　これらは、おもに前頭葉が障害されることによって生じます。
　「これには触らないでくださいね」「食べられませんよ」と伝えても、本人は目に映った物を反射的に手に取って口にしてしまうため、周囲の人は戸惑いを覚えます。
　ただ、環境依存症候群や口唇傾向は、自分では行動をコントロールできなくなることで現れるものです。つまり、「触らないで」「食べないで」と言われていることは理解しつつも、なぜか手に取ってしまう、という状況です。本人も同じように戸惑いを感じていると考えられます。

共感するための ヒント

コントロールできない行動を変えようとは思わない

　私たちも、日常の中で自分の行動をコントロールできないことを体験することがあります。

　たとえば、お風呂に入る前に湯船に手を伸ばした場面を考えてみましょう。このとき、お湯の温度が高ければ、思わず「熱っ！！」と咄嗟に手を引っ込めるはずです。また、風で舞った埃が目に入ってきたらどうでしょうか。おそらく目をつぶるでしょう。

　こうした反射的な行動は、自分ではコントロールできません。

　ここで目を向けたいのは、私たちはこのような行動を「何とかコントロールできるように訓練しようとは思わない」ということです。むしろ、温度計でお湯の温度を測るようにしたり、眼鏡をかけて目を保護したり、というように、自分を取り巻く環境を変化させるはずです。

　認知症の人の異食も同様に、環境を変化させなければ解決しない問題なのです。

かかわり方の ポイント!!

危険につながらないように、環境を調整しよう

　異食の背景にある認知機能の障害は、行動のコントロールに関する障害ですので、自分でどうにかできる問題ではありません。

　ただ、「環境依存症候群」という名称からもわかるとおり、行動が出現するかどうかはそのときの本人を取り巻く環境の状況によって決まります。そのため、かかわり方のポイントは、「安全な環境を整える」という一言に尽きます。

　異食が起こる状況は、本人の手の届くところに物があることです。したがって、「本人の目に映るところに危険な物を置かない」という対応を徹底することが大切です。

　また、時には便を口に運んでしまうこともあります。このような行為は、おもに一人で排泄をしているときに見られます。排泄時は必ず介助をする、便意を感じていない場合には定期的に排泄誘導をして記録しておくなど、本人が便に触れることができる機会を減らす必要があります。

　ただ、これは在宅介護の場合にはとくに難しいことです。在宅で異食が見られるようになったときは、施設への入所を検討する時期かもしれません。

> ▶ 異食がある場合には、本人の目に映るところに口に入れると危険な物を置かないようにする対応が求められます。

こだわりが強くなりました……

▼本人はどう感じている？

認知機能のどこに 問題がある？

行動そのものが目的として設定されてしまう

　同じ行動を繰り返し続けることを「常同行動」といいます。これは、前頭側頭型認知症の人に見られやすいことで知られています。
　その行動へのこだわりはとても強く、やめさせようとすると怒り出してしまうこともあり、介護者に大きな負担がかかります。

　常同行動が見られる人の中には、外を出回ってしまう人もいます。

　アルツハイマー型認知症の人にも外へ出ていってしまう行動が見られることがありますが、前頭側頭型認知症の常同行動とは性質が異なります。

アルツハイマー型認知症	・「家に帰ろうとしている」といった本人なりの目的があることが多い ・視空間認知障害により道に迷ってしまいやすい
前頭側頭型認知症	・毎日特定のコースを決まった時間に歩く様子が見られ、行動そのものが目的となる ・視空間認知障害は目立たないため、道に迷うことはない

　このような違いをふまえ、常同行動による一人歩きは徘徊と区別されて「周徊」とも呼ばれます。

　ほかにも、特定の食べ物ばかり食べたり、デイサービスなどでは特定の座席にしか座ろうとしなかったりする様子が見られます。こだわりの強さによっては栄養のバランスが崩れたり、他者とトラブルになってしまったりすることもあります。

> 共感するための **ヒント**

自分のこだわりは否定されたくない

　ブリキのオモチャや切手など、特定の物を収集するコレクターがいます。興味がない人にはガラクタや紙切れにしか見えないかもしれませんが、本人にとっては価値のある物ですし、それを集めることに喜びを感じています。「物を集める」という行動が、「喜びを得る」という目的を達成するための手段になっているのです。そのため、もし収集をやめさせられたり集めた物を突然捨てられたりしたら、その人は激怒するでしょう。

　人は、自分の好きなことを否定されたり、制止されたりすることを嫌います。なぜなら、人には「他者から認められたい」「自分のことは自分で決めたい」という欲求があるからです。

　常同行動が見られる人も、行動そのものが目的になっているように思われますが、その行動をすることで安心感や満足感を得て欲求が満たされています。

　そう考えると、こだわりを止められることは、認知症の人にとっても苦痛を感じる不快な体験だと想像できます。

かかわり方の **ポイント**

こだわりを別の対象に向けられないか考えよう

　常同行動を無理に制止しようとすると、本人は不快に感じることがほとんどです。

　常同行動のある人に不快感を与えないようにかかわるためには、まずは本人の様子をよく観察してみることが大切です。その行動が見られる「時間帯」「相手」「状況」など、ていねいに記録をとっていくと、きっかけとなっているものが明らかになるかもしれません。そうすることで、どのように対応すればよいかのヒントを得られます。

　また、トリガーとなっているものがわからないときや、問題となっている行動を変えたいときには、「こだわりを別の対象に向ける」ことを考えましょう。

　たとえば、日常生活になじみやすい家事作業を頼んでみましょう。おしぼり畳みやチラシを使ったゴミ箱づくりなど、比較的単純な作業をお願いしてみると、問題となっている行動をこれらの活動に次第に置き換えられることがあります。作業をしてくれていることに対してお礼を言うなどもあわせて行うことで、その可能性を高められます。

> ▶ 本人や周囲にとって害がないものであれば、無理に行動を変えてもらう必要はありません。
> ▶ 本人に苦痛がないようにかかわることを最優先しましょう。

3 「こんな人だったっけ?」人格が変わったと感じるとき　85

声をかけても反応がありません……

▼本人はどう感じている?

1

2

3

4

認知機能のどこに 問題がある⁇

注意力が散漫になっている

　声をかけても反応してもらえない場合は、注意力が散漫になっていることが考えられます。

　「注意」という言葉はよく使われますが、実はいろいろと種類があります。

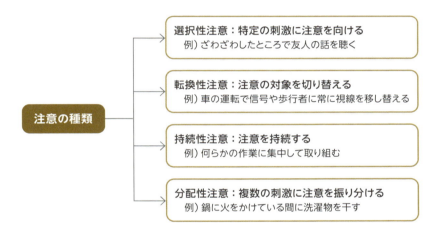

　声をかけても反応してもらえない場合には、「さまざまな音のなかの1つである呼びかけの声に意識を向けられない」という、選択性注意がうまく働いていないと考えられます。

共感するための ヒント

騒がしい場所では集中できない

「注意が働かないと会話が成り立たない」というのは、日常的に経験されます。

たとえば、電車の中で周囲の人が話している内容を覚えているでしょうか？　ウトウトしているときに話していた内容はどうでしょうか？

おそらく、多くの人は覚えていないはずです。これは、話に注意が向いていないために起こります。相手と会話をするためには、まずはそこに注意を向ける必要があるのです。

聖徳太子（最近では厩戸王と習うそうです）は10人の話を同時に聞くことができたという逸話が有名ですが、私たちはたとえ2人であっても同時に聞くことは難しいでしょう。2つの音を聞き分けることはとても難しいですから、「1人ずつ話して！」と相手に伝えたくなります。

私たちには気にならない些細な音でも、注意障害がある人にとって、テレビの音や食器を洗う音、人の話し声など、さまざまな音であふれている日常の環境はとても煩わしく感じられていることが想像できます。

かかわり方の **ポイント**

静かな環境づくりに努めよう

　注意の選択がうまくできない人は、耳に飛び込んでくるさまざまな音の情報を取捨選択することができません。また、視覚的な情報の影響もあります。さまざまな生活音に加えて、人が目まぐるしく動き回っていたり、ごちゃごちゃと物があふれていたりするような環境だと、きっと戸惑ってしまうはずです。

　このように考えていくと、注意の選択がうまくできていない人に対しては、できるだけ静かな落ち着いた環境を整えてかかわることが大切だとわかります。まずは、反応が乏しいときの周囲の視覚的・聴覚的刺激の量を確認し、多すぎるようなら少なくする方法を探りましょう。

　外出先などで静かな落ち着いた環境を整えられない場合には、本人の名前を呼びかけ、反応があるか注意の状態を確認してから介助の声かけをしましょう。私たちにとって、呼びかけられたらすぐわかるというのはあたりまえかもしれませんが、注意障害がある人の場合にはそれがあたりまえではありません。私たちの声が相手に届いているかをていねいに確認しましょう。

　また、注意の持続や転換ができていない場合には、話をしていてもすぐに反応がなくなってしまったり、周囲のほかの視覚的・聴覚的刺激に反応したりしてしまいます。このような場合には、一回の声かけを短くする配慮をするとよいでしょう。

> ▶ 注意を向けてもらう／向け続けてもらうために、環境や声かけを工夫してみましょう。

3 「こんな人だったっけ?」人格が変わったと感じるとき　89

もの忘れの自覚がありません……

認知機能のどこに 問題がある❓❓

「自分の認知能力に対する認識」がうまく働かなくなっている

　認知症の人は、「自分の認知能力に対する認識」が障害されることがあります。こうした問題を、メタ認知の障害といいます。

メタ(meta)は「高次の」という意味をもつ言葉です

　メタ認知の障害があると、周囲から見れば明らかにもの忘れがあって日常生活に支障が出ているのに、本人はそうは思っていない、というすれ違いが生じます。

　それは、周囲は気になって病院を受診させようとするものの、本人は「何も問題はないのになんで行かないといけないんだ」と言って受診を拒否する、本人は認知症だという自覚がなく車の運転を気にせずにしてしまう、などといった、介護者が困る状況につながります。

　「自分の認知能力に対する認識」のあり方は、認知症の重症度とともに変わっていくことが多いといわれています。認知症が進行すると自覚はうすれていきますが、初期の段階では能力の低下に関する自覚があるため、本人自身も不安が強くなっています。

共感するための ヒント

他者からの批判的な評価には向き合いたくない

　メタ認知に障害のある人はほとんどの場合、自己評価を高めに見積もり、他者からの評価を聞き入れようとしないために、「困った人」として見られてしまう傾向にあります。

　ただ、他者からの批判的な評価を素直に聞き入れるのは、認知症があろうがなかろうが簡単なことではありません。私たちは他者からの批判的な評価に直面すると、自尊心を傷つけられ、感情的になってしまいがちです。

　人は、自尊心を通じて自己の価値を認識し、心の安定を得ています。自尊心を傷つけられることは幸福感や生活の質に大きな影響を及ぼしかねないため、それを回避しようとするのはあたりまえのことなのです。

他者からの批判や指摘は自らを客観視するためのよい機会となるのも事実です

かかわり方の **ポイント**

プライドを傷つけないようにしつつ、
納得してもらえる理由を探して伝えよう

　メタ認知が障害されている人は、自分が認知症であるという自覚がないことがほとんどです。ここで問題になるのは、おもに次の3つです。

- 適切なケアや治療の開始が遅くなる
- 失敗が増えていく現実に対して過剰なストレスを感じる
- 周囲との関係性に摩擦が生じて孤立を招く

　これらを避けるためにまず重要なのは、「プライドを傷つけないようにする」ということです。そのためには、本人の認識を否定せず、失敗を繰り返さないようにする環境づくりが求められます。

　また、適切なケアや治療をするためには、病院に行ってもらうことが必要となるでしょう。そのときには、「どこも悪くないのになぜ病院に行かなきゃいけないんだ！」とならないようにするための工夫が必要です。無理に説得しようとするのではなく、本人が納得できる理由を考えて伝えるようにしましょう。たとえば、「健康診断に行ってみませんか？」というように、本人の意思にゆだねるような伝え方を意識するとよいと思います。

> ▶誰もが「自分のことは自分が一番よく知っている」と思っています。そのため、本人の認識を否定せず、プライドを傷つけないようにすることが求められます。
> ▶無理な説得はNGです。本人が納得できる理由を考えて伝えるようにしましょう。

3 「こんな人だったっけ？」人格が変わったと感じるとき　93

まわりの人の言動の真似をします……

▼本人はどう感じている？

> 認知機能のどこに 問題がある??

周囲の影響を受けやすくなっている

　認知症の人は、周囲からの影響を受けやすくなってしまうことがあります。これによって見られる言動としては、たとえば次のものが挙げられます。

- 他者が席を立つと、一緒に席を立つ
- 貼り紙などに書いてある文字が目に入ると読み上げる
- 目の前に書類があると書き始める……など

　これらは、「被影響性の亢進」といわれ、「食べられないものを口に運びます……」（p.78〜81）で説明した環境依存症候群の1つに分類されます。その行動をする必要性がないのにもかかわらず、自然と行動が誘発されてしまうのです。

　自分の意思によらず行動してしまうため、本人も自分がどうしてそのような言動をとってしまうのかがわからない、という特徴があります。

共感するための ヒント

他人の感情に引っ張られることがある

　私たちも、日常生活の中で他人の行動に影響されることがあります。

　たとえば、「誰かが笑っていると、自分も笑ってしまう（もしくは楽しい気分になる）」「泣いている人を見て、自分も悲しい気持ちになる」ということはよくあるのではないかと思います。

　これは「情動伝染」と呼ばれる現象で、我慢しようと思ってもなかなかできるものではありません。

　ここで、情動伝染と認知症をテーマとした研究の結果を1つ紹介します[1]。

　「健常」「MCI（軽度認知障害）」「アルツハイマー型認知症」の3つのグループで情動伝染のしやすさを検証した結果、アルツハイマー型認知症＞MCI＞健常の順で情動伝染しやすいことがわかりました。

　これは感情面についての研究ですが、被影響性の亢進がある人は行動面での伝染も起こりやすくなっており、それは我慢できないものなのです。

かかわり方の ポイント!!

影響されやすさをふまえてケアしよう

　被影響性の亢進は、周囲とのトラブルにつながることで注目されがちですが、この特徴を利用することでスムーズにかかわれることもあります。

　たとえば、作業や排泄誘導の声かけに対して拒否的な人がいたとします。このとき、あらかじめ本人の座席に作業の準備を整えてさりげなく提示すると、何も言わずに取り組み始めたり、排泄誘導では隣の利用者への介助や声かけを先にすることで、本人も隣の人の行動に影響されて「自分も行く」と席を立つことが少なくありません。

　ただ、施設の集団での活動などの場面では、被影響性の亢進によって些細な刺激に反応してしまい、自分勝手（に見える）な行動をとってしまうこともあります。それを避けるためには、「個別の活動を中心にする」「少ない人数での集団活動にする」「利用者同士の関係性や座席配置などに気を配る」といった点に注意する必要があるでしょう。

> ►「被影響性の亢進」は聞き馴染みのない言葉であり、認知症によって引き起こされる特徴の1つであることはあまり知られていないかもしれません。
> ► ケアに生かせるように、しっかり知識として蓄えておきましょう。

3 「こんな人だったっけ？」人格が変わったと感じるとき　　97

なぜか突然怒り出します……

▼本人はどう感じている?

> 認知機能のどこに 問題がある??

感情のコントロールが利かなくなっている

　感情や行動をコントロールすることを、「抑制」といいます。通常であれば私たちは、怒りを感じても「怒鳴ると関係が悪くなるから我慢しよう」などと、実際に怒鳴るといった行動を抑えることができます。

　認知症の人は、この抑制に障害が生じることがあります。抑制がうまく働かないと、そのとき感じたり思ったりした行動をそのまましてしまい、つい怒鳴ってしまったり、手が出てしまったりします。

　欲求が生じてもそれを行動として生じさせないよう抑えることは、人がもつ高度な能力です。人がそれぞれの欲求に従った行動をとっていては、集団生活や社会は成り立ちません。

　抑制の障害はさまざまなトラブルにつながってしまうことがあるため、注意が必要です。

共感するための ヒント

怒りを覚えるときには必ず理由がある

「怒り」は人間の基本的な感情の1つであり、誰もが日常的に経験しています。

私たちの感情は、何かしらの刺激によって喚起されます。すなわち、怒りの感情も外部の刺激を受けて生じるものだということです。それは抑制の機能が障害された人も同じで、突然理由なく怒り出すことはありません。違うのは、怒りを言動として表に出すかどうかだけです。

とはいえ、認知症に関係なくキレやすい人はいますし、こらえるべきところを我慢しきれなかった経験は誰しも身に覚えがあるのではないでしょうか（筆者にも、「言う必要のない言葉をつい口にしてしまった」という苦い思い出があります）。抑制ができないのは認知症の人だけではないのです。

感情にコントロールされることなく生きていきたいものですね

かかわり方の **ポイント**

怒り出す原因を探り、環境を整えよう

　「突然怒り出す」と感じられる場合にも、その背景には怒りを引き起こす原因があるはずです。

　それは、「介護者から失礼なことを言われた」などの他者との関係が原因かもしれませんし、「太陽がまぶしかった」のような環境刺激が原因かもしれません。かかわり方を振り返ったり、怒る前後の周囲の状況をよく観察したりして原因を探り、それをなくしていく対応が求められます。

　また、抑制の障害がある人は、集団活動にも支障をきたします。「こんなこともできないのか」というような配慮や礼儀に欠けた発言をしてしまったり、暴力を振るってしまったりすることもあります。

　このような言動が見られる場合には、一個人が目立たなくなるように皆で歌を歌う、周囲の様子が見えないように最前列で体操をしてもらう、といった工夫ができます。集団活動では一人ひとりにスポットを当てることがありますが、抑制の障害があると、このような配慮が逆効果になってしまうことがあるため注意が必要です。

　そのほか、万引きなどの反社会的行動をとることもあります。このような場合は、あらかじめ行きつけのお店の人や地域の交番に事情を説明しておくといった予防的な対応も必要となります。

▶ 怒りを引き起こす原因を見定め、それをなくしていくことが大切です。
▶ 集団活動では、周囲の人との関係性悪化を未然に防ぐ工夫をしましょう。

3 「こんな人だったっけ?」人格が変わったと感じるとき　101

Column

「原始反射」が役に立つ

　乳児期に見られる特徴的な反射のことを「原始反射」といいます。たとえば、「唇が刺激されると吸う（吸啜反射）」「手のひらに刺激を与えると握りしめる（把握反射）」などの刺激に対応した動作が自然と出現するもののことを指します。

　原始反射は通常、脳が発達するにつれて消失していきます。一方で、認知症では脳が後天的に障害されるため、進行に応じて原始反射が再出現することがあります。

　たとえば著者が経験した事例では、コップで飲み物をうまく飲めない人に、ストローを使用してもらうと飲めるようになったことがありました。声かけが理解できなかったり動作がうまくできなかったりしても、口にストローが触れることによって吸啜反射が引き起こされることがあるのです。

　成人で原始反射が見られる場合、それは何らかの脳機能障害を示唆するサインとなりますが、特徴を知っておくことで認知症ケアに役立つ場合もあるのです。

文献

1　Sturm et al. 2013. Heightened emotional contagion in mild cognitive impairment and Alzheimer's disease is associated with temporal lobe degeneration. Proceedings of National Academy of Sciences of the United States of America, 110, 9944-9949.

4

「やたらとネガティブ……」

気持ちが

落ち着かないとき

どうしてもお風呂に入りません……

認知機能のどこに 問題がある？？

論理的に考える力が低下し、その時々の気分で意思決定をしている

　認知症の人は論理的に考える力が低下しており、その時々の気分が意思決定に大きく影響します。

　入浴をうながされた場合であれば、その提案を受け入れるかどうかは「身体が汚れているから」といった理屈ではなく、今の気分が乗り気かどうかで決まります。

　また、意思決定に影響を及ぼす感情は、「気分」だけではありません。「情動」も影響していることが考えられます。

情動	一時的な強い感情 例）激怒する
気分	比較的長く続く弱い感情 例）クヨクヨする

　感情と記憶は強く結びついており、中でも情動体験を伴った記憶は比較的よく保たれることが知られています。これはつまり、出来事の詳細は覚えていなくても、「とても楽しかった」「とても嫌だった」という記憶は残りやすい、ということです。

　これをふまえると、入浴拒否のケースでは、過去に入浴で嫌な思いをした記憶が原因となっている可能性も考えられます。

4 「やたらとネガティブ……」気持ちが落ち着かないとき　105

共感するための ヒント

感情に左右されない人はいない

　私たちの意思決定は実に非合理的です。たとえば買い物をしていて魅力的な商品を見つけたとき、「生活費を節約しなきゃいけないけど、どうしても欲しい！」と思って衝動買いをしてしまったことはないでしょうか。感情に影響されず、すべてを論理的に決められる人はほとんどいないと思います。

　同様に、感情はまわりの人とのかかわり方にも大きく影響します。たとえば、「この仕事を頼んでいい？」と言われたときに、機嫌がいいときは「いいですよ」と答え、イライラしているときは「ほかの人に頼めばいいじゃないですか」と答えるなど、（意識できてないことがほとんどですが、）そのときの気分によって応答が変わることはよくあります。

　認知症の有無にかかわらず、私たちは知らず知らずのうちに感情に左右されているのです。

一般的な傾向として、ポジティブな気分のときには直感的に、ネガティブな気分のときには熟慮して物事を判断することが知られています

かかわり方の **ポイント**

ポジティブな気分になる声かけをしよう

　感情は、多かれ少なかれ常に変動しています。イライラしやすい人でも、四六時中イライラしているわけではありません。

　そのため、できるだけポジティブになってもらえるような声かけを意識することで、提案を聞き入れてもらえることがあります。

　入浴の提案であれば、「温かくていい湯加減になっていますよ」「ご家族が来る前にお風呂でさっぱりして支度しましょう」などが考えられます。

　声をかけても入浴してくれない場合には、少し時間をあけて気分が変わるのを待つと、すんなり入ってもらえることもあります。無理に説得しようとせず、本人の意思決定を尊重するようにしましょう。

　また、「嫌な体験をした」という情動の記憶は残りやすいことを考えると、ネガティブな感情にならないように配慮することの大切さがわかります。

　たとえば、デイサービスやショートステイの利用体験に来た方が嫌な思いをしてしまうと、「施設＝嫌なところ」というイメージが定着し、利用を希望しなくなるかもしれません。一方で、楽しい感情として記憶に刻まれると、また行きたい場所として認識してもらえる可能性が高くなります。

> ▶ 相手が少しでも前向きな気分になれるような声かけをしてみましょう。
> ▶ 気分がよさそうなときに声をかけるなどの対応を考えてみるのもよいかもしれません。
> ▶ 無理な説得はNGです。

4 「やたらとネガティブ……」気持ちが落ち着かないとき

ボーっとしていて何もしようとしません……

認知機能のどこに 問題がある

意欲が湧かず、何事にも無関心になっている

やる気がなく何もしようとしないときの原因の1つとして、「アパシー（無気力）」が挙げられます。

アパシーとは、「ない」を意味する英語の接頭辞である「A」と、ギリシャ語で情動を意味する「Pathos（パトス）」が組み合わさった言葉です。専門的には「動機づけの障害」「目的的な行動の減退」などと定義されますが、平たくいえば「やる気の障害」です。認知症の人に高頻度で見られる精神的な問題として知られています。

アパシーと似た症状として、うつがあります。うつがある場合も興味の減退によって何もしない様子が見られることがありますが、その背景に「心理的な苦痛」があるかどうかが区別するポイントとなります。

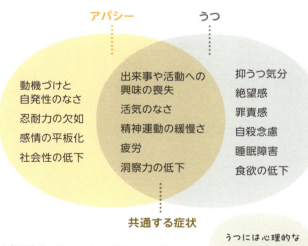

Boyle et al. (2004). Treating apathy in Alzheimer's Disease. Dementia and Geriatric Cognitive Disorders, 17, 91-99.

4 「やたらとネガティブ……」気持ちが落ち着かないとき

共感するための ヒント

行動を起こすとやる気が出る

　やる気を自分で高めるのは、とても大変です。
　たとえば、部屋が散らかっているのにやる気が出なくて掃除できないなどは、誰もが経験したことがあると思います。

　やる気はどうやったら湧いてくるのでしょうか？　その近道は、「行動を起こす」ことです。
　やる気が湧かないから行動しないのに、行動を起こすことでやる気が出る、というのは何とも皮肉な話です。ただ、掃除の例でいえば、いざ始めると気分が乗ってきて、隅々まできれいにした、という経験がある人は多いと思います。

　認知症の有無にかかわらず、やる気を出すためには、些細なことからでも「えいやっ」と動き始めることが大切なのです。

かかわり方の ポイント!!

行動を開始するきっかけをつくろう

　アパシーのある人は、何もせずにぼんやりと過ごしていることがほとんどです。声をかけても反応しないこともあります。外に出ていこうとしたり暴力をふるったりなどはないため、介護者は放っておいてしまいがちです。

　しかし、身体も脳も使わない状態が続いてしまうと、どんどん機能が低下していきます。短期的には「手がかからない」と思っていても、長期的な視点で見ると、介護者の負担は大きくなってしまうかもしれません。

　それでは、どのようにかかわればよいのでしょうか?

　アパシーの特徴は、自発性が乏しくなることです。一方で、他者から働きかけられて行動のきっかけが生まれると、そのまま継続できることが少なくありません。ボーっとしていて何もしていない人こそ、積極的なかかわりが大切なのです。

　ただ、認知や感情、行動などの側面で自発性が低下しているので、負担の小さいことから始めることが大切です。簡単な運動をしたり音楽を聴いたりなど、身体や感情に刺激を与えるような活動が実施しやすいと考えられます。

> ▶ アパシーのある人は、何もできないわけではありません。
> ▶ こちらから積極的に働きかけて何かをしてもらうことで、やる気が湧くきっかけをつくるようにしましょう。

ネガティブなことばかり言います……

▼本人はどう感じている？

1

2

3

4

認知機能のどこに 問題がある❓

認知機能の問題ではなく、「うつ」の可能性がある

　ネガティブなことばかり言う場合には、「うつ」が強くなっている可能性が考えられます。うつは認知症の人によく見られる症状です。

　うつがあると、気分が落ち込んだり、何をするにも意欲がなくなったり、食欲がなくなったりします。高齢者では、頭痛や便秘、肩こり等の身体症状を訴えることもあります。

　軽症であれば日常生活はできますが、よく話を聴いてみると、これまで楽しんでいたことが楽しめていないなど、生活の充実感がなくなっていることがあります。

　一方で、うつを認知症と間違えてしまっているケースも少なからずあるようです（仮性認知症と呼ばれます）。これは、うつでも記憶力が低下するなどの認知機能への影響が見られるためです。

うつと認知症の鑑別

鑑別ポイント	うつ	認知症
もの忘れの自覚	ある	少ない
もの忘れに対する深刻さ	ある	少ない
もの忘れに対する姿勢	誇張的	取り繕い的
もの忘れの出現	比較的急な発症	ゆっくり出現
もの忘れの経過	変化に乏しい	ゆっくり進行
もの忘れの内容	過去の記憶も障害される	最近の記憶が障害される
典型的な妄想	心気妄想 （ボケてしまってもうだめだ）	もの盗られ妄想 （しまっておいた物が盗まれた）
気分の落ち込み	ある	少ない

植草朋子・品川俊一郎 (2018). うつ病とアルツハイマー型認知症. 老年精神医学雑誌, 29, 249-257. を一部改変

うつは適切な治療で改善が見込まれるため、症状を把握したうえで医師に相談することが求められます

> 共感するための **ヒント**

ネガティブな気持ちが続くのはしんどい

　うつの特徴として、ネガティブな感情や思考に陥りやすいことが挙げられますが、ネガティブになったり不合理な思考に陥ったりすること自体は誰にでもあります。たとえば、仕事でちょっとしたミスをしてしまって怒られたときに、「自分はいつも失敗ばかりしてしまう……」などというマイナス思考にとらわれてしまった経験はないでしょうか。

　多くの人は、このようなネガティブな感情をもちながらも、「考えすぎだ」と思い直して、ずっと悩み続けることはありません。一方で、うつの場合はネガティブな感情が持続します。ずっとネガティブな気分から抜け出せないという苦しみがあるのです。

　認知症では、徐々に身体機能や認知機能が失われていきます。生活の中でできないことが増えていき、そのことを周囲から指摘される……。このような経験を繰り返す認知症の人は、自分は一体どうなってしまうのか、不安や苦悩が続き、心理的な苦痛を強く感じていることが推察されます。

かかわり方の **ポイント!!**

本人の話に耳を傾けよう

　うつ状態にある人の心の苦しみは、本人にしかわかりません。

　それでも、私たちは、その人の話を聴いて苦しみを理解しようとすることはできます。話の深刻さゆえに、どのように返答すればよいか戸惑うこともあると思います。ただ、何も返答できなくとも、話を聴くことに意義があると筆者は考えています。

　たとえば、食べすぎると胃にもたれたり、便が溜まるとお腹が苦しくなったりします。脂っこいものを食べすぎて脂肪が蓄積され続けると、短期的には何ともなくても、将来的に肥満や糖尿病になるリスクが高まります。このように、身体に何かが溜まってしまうと、短期的・長期的に苦しみがもたらされます。

　これは精神面でも同様です。不安や苦悩といった感情を溜め込み続けることは、心に有害な影響を及ぼしかねません。そのため、自分の感情を言葉で吐き出すことが重要となります。その際には、吐き出した言葉を受け入れてくれる人の存在が必要不可欠です。

　なお、うつ状態にある人の話を聴くことは、聴く側にとっても大きな心理的負担を伴うことがあるため、自分の心の状態にも目を向けながらかかわるようにしましょう。専門家に相談することも選択肢の1つです。

▶ 声をかけることはできなくても、そばにいて話を聴くことがケアになります。

▶ 無理のない範囲で対応するようにしましょう。

4 「やたらとネガティブ……」気持ちが落ち着かないとき　115

「家に帰りたい」と何度も言います……

▼本人はどう感じている？

認知機能のどこに 問題がある??

認知機能の問題ではなく、「孤独感」をかかえている

「家に帰ります」と言って施設を出ていこうとする様子は、「帰宅願望」と呼ばれます。これは認知症の人によく見られるもので、原因は「孤独感」にあると考えられます。

認知症の人は他者とのかかわりが少なくなり、一人で過ごす時間が長くなってしまいがちです。そして、「こんな寂しいところにはいたくない」「家に帰れば家族がいる」という気持ちが芽生え、「家に帰ります」という言葉を口にしたり、実際に外に出ていったりするのです。

+α プラス

孤独感は、高齢者の健康と寿命に悪影響を与える可能性があることが指摘されています。心血管疾患や脳血管疾患、糖尿病、うつなどのリスクを高めることが多くの研究で報告されています。

> 共感するための **ヒント**

孤独を感じる場所は居心地が悪い

　孤独というと「一人ぼっち」のイメージがありますが、孤独感は主観的な感覚です。大勢の中にいても孤独を感じることはよくあります。

　たとえば、何かの集まりに自分だけ一人で参加し、まわりはみんな知り合いだったときを想像してみてください。誰も話しかけてくれず、まわりが楽しそうに話している中でポツンと過ごす状況が続いたら、「来なければよかった」「早く帰りたい」と思うはずです。時には「ちょっと用事があるので……」などと言ってその場を立ち去ろうとするでしょう。その行動は、認知症の人が「家に帰る」という様子とまさに同じです。

　孤独を感じる場所に居心地の悪さを感じるのは、認知症の有無にかかわらず共通の感覚です。人は他者とのかかわりの中で生活を営んでいるため、かかわりの乏しい状態は耐えがたい苦痛となるのです。

かかわり方の ポイント!!

他者とのかかわりを増やし、所属感を高めよう

　孤独感は、他者との関係性が薄くなることで生じます。そのため、「かかわりを増やし、良好な関係を築く」ことが大切になります。

　施設では、人手不足もあり、ゆっくりかかわる時間をつくることはなかなか難しいかもしれません。その場合には、一回一回のかかわりは短くても、かかわる頻度を増やすことを考えてみましょう。あいさつや「今日の気分はどうですか？」というような簡単な声かけでも、相手に「私はあなたに関心をもっています」というメッセージを伝えることができます。

　また、集団としてまとまる力（凝集性）を高めることでも孤独感を軽減できます。施設であれば、ほかの利用者が話をしている中で一人だけポツンと作業をしている、というような状況をなくし、みんなで体操をしたり歌ったりなどの活動を実施することで、集団への所属感が高まり、孤独感を和らげることができます。

> ▶ 声かけの頻度を増やすなど、集団の一員として受け入れていることが伝わるようにかかわることが大切です。
> ▶ 「家に帰ります」という言動は夕方になると起こりやすく、「夕暮れ症候群」とも呼ばれます。この時間帯にかかわりを増やすことも考えてみましょう。

4 「やたらとネガティブ……」気持ちが落ち着かないとき　119

まわりの人に暴言を吐きます……

120　第2章　こんなとき、どうかかわればいい？

> 認知機能のどこに **問題がある??**

認知機能の問題はないが、「有能感」が低下している可能性がある

　環境にうまく適応できる存在でありたいという感覚を「有能感」といいます。有能感は人の基本的な心理的欲求の1つであり、暴言が見られる場合には、有能感が満たされていないことが考えられます。

　認知症になると、それまであたりまえにできていたことが徐々にできなくなっていきます。その現実に向き合う本人は、「できないことばかりで自分にはもう価値がない」と考えてしまうことが多いようです。ただ、そうした自分を誰もが素直に認められるわけではありません。

　認められないときには、「自分は価値ある人間だ」と示すために、「あいつはダメだ」などと他者を貶めて自分より下の存在として位置づけることがあります。「自分はうまくやれている」という体験を積み重ねるかわりに相手を下げることで、相対的に自分の有能さを保とうとするのです。

> 共感するための ヒント

誰もが有能でありたい気持ちをもっている

　あなたのまわりに、「人の悪口ばかり言う」「やたらと自慢話をする」「やたらと見下してくる」人はいないでしょうか。こうした傾向がある人は、有能感が低いために、自分が相手よりも優位であることを示して有能感を保とうとしているのかもしれません。

　ちなみに、最近よく使われるようになった言葉に、「マウントをとる」というものがあります。マウント（Mount）は「馬乗り」を意味する言葉です。馬乗りになるかのように、自分が相手よりも優位であろうとすることを意味しています。この言葉は、「有能でありたい」という人の欲求をうまく表しているように思います。

　相手を下げて自分の価値を感じることは、認知症の有無にかかわらず見られることなのです。

かかわり方の **ポイント**

役割をもってもらい、感謝を伝えよう

　認知症になるとできなくなることもありますが、すべてができなくなるわけではありません。

　それをふまえ、本人ができることを探して役割をもってもらうことが大切です。そして、役割をこなしてくれたことに対して感謝を伝えれば、「自分は役に立てている」という感覚をもってもらうことができます。このような体験が続けば、まわりの人に暴言を吐く回数は少なくなることが期待できます。

　では、認知症の人ができることをどのように探せばよいのでしょうか？　ポイントは、「包丁の使用は禁止すべきでしょうか……」（p.30〜33）で解説したように、「具体的な行動」に着目することです。

　たとえば料理ができなくなった場合には、「料理という一連の行動をやり遂げるためのどの工程ができなくなったのか、できる工程はどこなのか」を把握して、できないところは手伝い、できるところはやってもらう、という対応をとりましょう。

　「買い物」「掃除」「手伝い」なども同様に、観察できる具体的な行動に切り分けてみることで、認知症になってもできることを見つけることができると思います。

> ▶ 暴言は、「人の役に立ちたい」という欲求が満たされていないことによるものだととらえられます。
> ▶ その欲求を満たせるよう、役割をもってもらうかかわりをしてみましょう。

4 「やたらとネガティブ……」気持ちが落ち着かないとき　123

まわりの人をこわがります……

認知機能のどこに 問題がある

表情から感情を読み取ることが難しくなっている

　認知症の人は、表情から感情を推測することが難しくなります。

　私たちは、相手の表情を見て、「気に障ることを言っちゃったかな」「何かつらいことがあったのかな」などと感情を推測することができますが、認知症があると、相手の表情がどのような感情を表しているのかを理解することが難しくなっていくのです。

　そのため、私たちはふだんどおりの表情で接していても、「怒っている」「嫌そうな顔をしている」とネガティブに受け止められてしまうことがあります。

　これが記憶障害や見当識障害と組み合わさると、「知らない人がこわい顔をして近づいてくる」というように感じられるかもしれません。そうであれば、不安や緊張をかかえたり、声かけを拒否したりすることは当然の反応だと考えられます。

共感するための ヒント

ムスっとしている人には話しかけづらい

「顔色をうかがう」という言葉がありますが、私たちも日頃から相手の表情を見て感情を推測しています。

たとえばムスッとした人に対しては、「不機嫌なのかな……」と思いますし、逆にニコニコしている人がいれば、「何かいいことがあったのかな？」と思うでしょう。この2人のうちどちらか1人に話しかけなければならない状況が生じた場合には、ほとんどの人がニコニコしている人を選ぶと思います。それほどまでに、表情のもつ力は絶大です。

表情から感情を読み取ることができない認知症の人は、周囲の人たちがみんなムスッとしているように見えているのかもしれません。そのような世界の居心地の悪さは、想像に難くないと思います。

> かかわり方の **ポイント**

話しかけるときは「笑顔」を意識しよう

　認知症の人は表情の読み取りに困難をかかえますが、1つだけ理解してもらいやすい表情があります。それは、「笑顔」です。

　人間の基本的な感情は、「怒り」「嫌悪」「悲しみ」「不安」「恐怖」「喜び」の6つとされています。ポジティブな感情は「喜び」だけで、それが「笑顔」という表情の理解のしやすさに関係しているのかもしれません。

　笑顔で接すれば、認知症の人に安心感を与えることができます。

　とはいえ、笑顔で接することが大事といっても、常に笑顔でいることはできません。どうしてもイライラしてしまい、笑顔をつくれないこともあると思います。そのようなときには、ちょっとの間だけ認知症の人と物理的に距離をとり、気持ちを落ち着けるとよいでしょう。

▶「笑顔」は理解してもらいやすいので、安心感を与えられるように意識して表情をつくってみましょう。
▶ 声の大きさや抑揚でポジティブな感情を伝えられるようにすることも大切です。

Column

よりよい生活の条件

心理学者のマズローは、人間の欲求として、「生理的欲求」「安全欲求」「愛の欲求」「承認欲求」「自己実現の欲求」の5つがあると考えました。

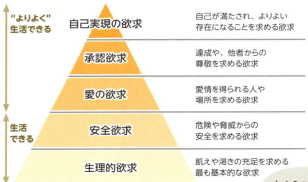

Maslow (1943). A theory of human motivation. Psychological Review, 50, 370-396. をもとに作成

施設での生活では、生理的欲求や安全欲求は満たされます。飢えに苦しむことはありませんし、排泄の介助もしてもらえます。薬も飲ませてもらえますし、夜はベッドで眠ることができます。

一方で、愛の欲求や承認欲求、自己実現の欲求は満たされにくい状況にあります。誰とも会話をすることなくテレビを眺めているだけでは、これらの欲求は満たされないのです。

人間は、誰もがよりよく生きたいと願っています。
「生活できる」というだけでなく、「よりよく生活できる」ためにはどうしたらよいかを考える視点を忘れないようにしましょう。

第 3 章

コミュニケーションを

とるときのポイント

なぜ、コミュニケーションが大切なのか

認知症になるとコミュニケーションが減る

認知症の人は、言葉がうまく出てこなかったり、相手の話していることを理解できなくなったりして、人との会話が難しくなっていきます。私たちもどのように会話をしたらよいのかがわからなくなり、次第にコミュニケーションが減っていきます。

高齢者施設の職員がふだんの業務の中でどれくらい会話をしているかを調べた研究によると、会話時間は業務の1〜3%程度であることがわかりました[1,2]。また、会話といっても、多くは介助の声かけなどの業務に関する内容であり、いわゆる雑談のような関係性を築くための会話はほとんど行われていないようです。

医療や福祉の現場では、介助をはじめとする身体を動かす作業が仕事として認識されやすい職場風土があるため、認知症の人との会話はしばしば「仕事をサボっている」と思われてしまうことがあるようです。

> 会話をすることも大事な仕事であるという認識を職場内で広めていくことが必要ですね

コミュニケーションが減ると孤独感が高まり、BPSDが生じる

　高齢者施設で生活する人の多くは孤独感を感じているとされています。実際に施設を見学してみると、他者とのかかわりがほとんどなく、デイルームで静かに過ごしている人も少なくありません。

　筆者は、認知症の行動・心理症状（BPSD）の背景には「孤独や孤立の問題」があると考えています。「物を盗られた」と話したり、介助に対して拒否的な態度を示したりすることは、「誰も信じられる人がいない」ことを表現しているのかもしれません。孤独で寂しい、つらいという気持ちが強くなれば抑うつ的にもなるでしょうし、退屈だと感じたら家に帰りたいという気持ちになるでしょう。

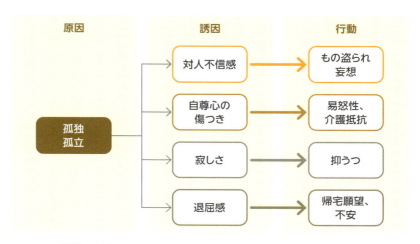

孤独や孤立といった原因、それにより引き起こされる心の状態が誘因となり、BPSDとして現れる。

孤独感を感じている認知症の人は幻覚や妄想などの精神症状を呈しやすいことを示した研究もあります

孤独感を緩和するためには人と接する機会をつくり、コミュニケーションを楽しむことが欠かせません。

なお、認知症の人と施設の職員が会話を含む交流の機会をもつと、ポジティブな感情が多く観察されることを示した研究もあります[3]。認知症の人が会話を楽しむ時間が増えれば、必然的にかかわり方に苦慮する行動が起こる時間は減っていくはずです。

頻度よりも満足感が大切

ただ、いきなりコミュニケーション量を増やせといわれても、難しい面もあるかと思います。

筆者らが中年期〜高齢期の人を対象に行った調査では、「会話の頻度」よりも「会話に対する満足感」が孤独感の軽減に有用である可能性が示唆されました[4]。

認知症の高齢者でも同じことがいえるのかについてはさらなる検証が必要ですが、少なくとも会話を楽しむことは、利益こそあれ害はありません。

毎日たくさん話せなくても構いません。量は少なくても、互いに楽しめる会話をすることが大切です。

電話で会話することにも大きな効果があります

> **Key Point**
> ☑ 認知症ケアにおいては、問題が起こってから対応するのではなく、問題が起こらないようにするにはどうすればよいかを考える「予防介護」の考え方が大切であり、そのカギとなるのがコミュニケーションです。
> ☑ 会話が増えて認知症の人がポジティブな感情で過ごせる時間を増やせれば、結果的に介護者の負担を減らすことにもつながります。

コミュニケーションを
とるときの9原則

❶ ふだんどおりのコミュニケーションを心がける

認知症の人とコミュニケーションをとるうえで、まず大事なのは、ふだんどおりを心がけることです。

「認知症」と一括りにされてしまいがちですが、原因疾患はいくつもありますし、症状の進行度合いは人それぞれ異なります。このような個人差を考慮せずに、「認知症だから短く話したほうがいいだろう」などと、一律のコミュニケーションをとることは避けなくてはいけません。

認知症の人に対するよくないコミュニケーションの方法として、「エルダースピーク」があります。エルダースピークとは、高齢者に対して乳幼児に話しかけるような口調で話しかけるコミュニケーションのことをいいます。

エルダースピークの特徴

- シンプルな語彙や文法
- 短い文章
- 高いトーンと抑揚
- 過度に親密的で不適切な言葉

認知機能障害への配慮が
必要な人もいますが、
何も考えずにエルダースピークを
使うのはNGです

エルダースピークを使っている人は、よかれと思ってそうしていることが多いのですが、このような話し方は認知症の人のプライドを傷つけます。自分がそのような口調で話しかけられたらどう思うかを想像してみてください。「バカにしてる？」「子ども扱いしないで！」などと、嫌な気持ちになると思います。

　実際に、認知症の人へのエルダースピークの使用は、介護への拒否的な反応と関連することが示されています[5]。

まとめ

- ▶ 障害されている認知機能の状態に応じて、短く話したり、ゆっくり話したりといった配慮が必要な人もいれば、そのような配慮が必要ない人もいます。
- ▶「認知症だから」と偏った見方をすることなく、まずはふだんどおりのコミュニケーションを心がけましょう。

これが一番大事♪

❷ 自己決定をうながす

　入浴や排泄など、介助の声かけをすると、認知症の人は時に否定的な言動で反応してくることがあります。なぜ、認知症の人は介護者に対して否定的な言動をぶつけてくるのでしょうか？

　人には「自律的でありたい」という根源的な欲求があります。「自律的」というのは「自分のことは自分で決めたい」ということです。つまり、他者に支配されるという状況は人にとって耐えがたいストレスであり、私たちはこうしたストレスを解消するために、他者に従わないという行動をとろうと自分で決めることで、自律を保とうとするのです。

　では、認知症の人の自律性の支援はどれくらい行われているのでしょうか？

　朝の介護場面で認知症の人と施設の職員のかかわりについて観察した研究では、自律性への支援ができているケースは60%だったと報告されています[6]。

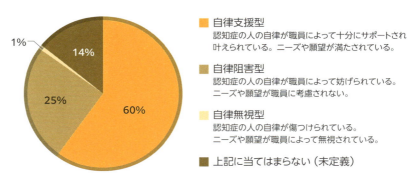

Hoek et al. (2020). Autonomy support of nursing home residents with dementia in staff-resident interactions: Observations of care. JAMDA, 21, 1600-1608.

一報告なので、この数字の高低についての判断は難しいのですが、認知症の人の自律性の支援には、まだまだ改善の余地が残されていることは確かです。

介護の現場は人手不足や作業量の多さから、時間に追われてしまうことが少なくありません。その中では、「お風呂に入りましょう」「ご飯を食べましょう」と声かけをしながらも、相手の反応を待たずに介護者側のペースで支援をしていることが多々あります。このような状況が続くと、認知症の人の自律は妨げられていきます。「お風呂に入りませんか？」「ご飯を食べませんか？」など、相手に決定をゆだねるような声かけをすることが大切です。

このとき、「あなたに任せます」といった反応が返ってくるかもしれません。この場合は「あなたに任せる」という自己決定していることになりますので、自律の妨げにはならないと考えてください。

まとめ

► 「自分のことは自分で決めたい」という欲求を満たせるよう、相手に決定をゆだねるような声かけをすることが大切です。

► その際には、「○○しませんか？」と提案し、相手の回答を確かめましょう。

► はっきりとした回答がない場合でも、「○○していいですか？」と相手に同意を確認する一言を伝えることが大切です。

❸難聴がないか確認する

　聴力は、加齢に伴って機能が低下します。

　高齢者の難聴の特徴として、高い音が聴き取りにくくなることがあります。声の高い人は少しトーンを下げて話しかけることを意識するとよいかもしれません。また、音の聞き分けも難しくなるので、反応が悪いときには大きい声で話しかけるよりも、音をはっきりさせることを意識するとよいでしょう。

　また、難聴のある高齢者は、音の方向感覚（どちらの方角から出された音かを認識する能力）も低下します。そのため、誰が声をかけているのかわかるよう対面してから話しかけるといった配慮が必要になることもあります。

　なお、難聴の原因として耳垢が詰まっていることもあります。ある研究では、認知機能が低下している高齢者ほど耳垢が溜まっている傾向があることが示されました[7]。この場合は耳垢を除去することで疎通性が改善されますので、耳鼻咽喉科を受診して相談してみましょう。

まとめ
▶ 難聴がある場合には、聞き取ってもらいやすい話し方や位置を把握してコミュニケーションをとるようにしましょう。

❹注意がどこに向いているかを確認する

　先ほどの「❸難聴がないか確認する」とも重なりますが、会話をするためには相手の声に注意を向ける必要があります。

　たとえば、音楽を聞きながら歩いているとき、何か別のことを考えていてふと気づいたときには別の曲に変わってしまっていた、なんてことはないでしょうか。私たちは注意を向けていないと相手の声が耳に届きません。このような聴覚的な注意は、ざわざわした場所のような環境の影響も大きく受けます。

　また、注意は聴覚的なものだけでなく、視覚的なものもあります。人間には有効視野があるため、視界に入ってきた人がいればそれとなく気づくことができます。一方、認知症の人の中には、1つのものに注目してしまうとそれ以外は見えなくなってしまったり、自分で視線を自由に移動させることが難しくなったりしている人がいます。

　これらの視覚的な注意の問題に音の方向感覚の低下も加わると、声をかけられても自分に対してなのかそうでないのかがわかりません。このような人には、視覚的な注意への配慮も必要になります。

　視覚的な注意の問題に気づくためには、視線が合いにくくないか、視覚的な距離感がうまくつかめているか、といった点を観察することが必要です。もし視覚的な注意に何かしらの問題があれば、認知症の人の視界に入る場所に移動して話しかけるようにしましょう。

まとめ

▶ 周囲の環境調整、視線を合わせてから話しかけるなど、本人の注意がこちらに向きやすい工夫を考えることが大切です。

❺1つひとつ会話の内容を区切り、応答を急かさない

　コミュニケーションをとるにあたっては、相手の話した内容を覚えて応答する必要があります。

　私たちも相手の話が長くなると覚えていられません。たとえば短い物語を読んだ後に内容をできるだけ正確に思い出してもらうような記憶課題を行うと、概要は覚えていても、詳細についてはあいまいになりがちです。

　記憶機能が低下した認知症の人の場合は、つらつらと話を続けられると、詳細だけでなく大筋もわからなくなってしまいます。また、どのような応答をしたらよいかを考えたり、何かを思い出したりすることに時間がかかります。返答を考えているうちに話していた内容を忘れてしまうこともあるかもしれません。

　そのため、そのような人とコミュニケーションをとる場合には、1つひとつの文章を区切り、反応を確認しながら話すことが有効です。

理解できていなさそうな場合にはもう一度同じことを話してみるのもよいかもです

> **まとめ**
> ▶ 相手に記憶機能の低下が見られる場合には、一方的に長々と話すのではなく、反応をうかがいながら会話するようにしましょう。

❻質問の仕方を工夫する

コミュニケーションの中では、相手に質問することもたくさんあります。

ふだんの会話で意識することはあまりないと思いますが、相手に何かを尋ねるときには、次の2種類の訊き方があります。

---

① 「はい」か「いいえ」で答えることができる質問
　　＝閉ざされた質問
　　例）「日曜日はどこかに出かけたの？」

② 回答に制限がなく自由に答えられる質問
　　＝開かれた質問
　　例）「日曜日はどんなふうに過ごしたの？」

閉ざされた質問は問診のように必要な情報を素早く聴き取る際に役立ちますし、開かれた質問は相手の興味関心などを知ることに役立ちます。それぞれの質問法は一長一短で、閉ざされた質問を使いすぎると尋問のようになりますし、開かれた質問を使いすぎると話がどんどんそれてしまって内容が整理できなくなる可能性が高まります。

認知症の人の中には、言葉が出にくくなっている人もいます。このような人には、閉ざされた質問を中心に会話を組み立てると話してもらいやすくなります。ちょっとした表現の違いですが、意識してみると会話が弾むかもしれません。

まとめ

▶ 閉ざされた質問と開かれた質問を上手に使い分け、会話を楽しんでもらえるようにしましょう。

❼ 言葉以外のコミュニケーションを意識する

「目は口ほどにものをいう」ということわざがあるように、私たちは言葉以外からも多くの情報を得ています。表情や口調、話すスピード、身振り等はその代表的なものでしょう。

認知症の人は、症状が進行するにつれて言葉を理解することが難しくなっていきます。こちらの思いがうまく伝わらず、関係性がギクシャクしてしまうことがあるかもしれません。認知症の人とコミュニケーションをとる際には、言葉以外の工夫を考えることがとても大切になります。

また、私たちのコミュニケーションには、感情が大きく影響します。同じことを言っても、そのときの感情次第で受け取り方が変わることが少なくありません。認知症の人の感情状態をよく観察し、コミュニケーションをとるタイミングを見計らうことも考えてみてください。

まとめ
- ▶ 言葉は伝わっていなかったとしても、感情は伝わります。
- ▶ 笑顔を意識してかかわるようにしましょう。

❽ かかわり続ける

　認知症が重度になるほど、言葉によるやりとりは難しくなってきます。こちらが声をかけても相手の反応がなければ、次第にコミュニケーションは減っていきます。それは、私たちが友人や職場の上司、同僚などと話す場合でも、相手の反応がなければこちらから話しかけようとは思わないのと同じです。

　しかし、反応がないからといって、声をかける意味がないわけではありません。

　感覚遮断実験と呼ばれる、薄暗く音もない部屋で生活をしてもらう心理学の有名な実験があります[8]。この実験の結果、視覚や聴覚といった感覚が遮断された状況では、健康な大学生であっても数日で幻聴や抑うつなどの精神的に不安定な状態を示すことがわかりました。

　重度の認知症の人で、視覚や聴覚が低下していたらどうでしょうか。職員とのかかわりも少なく、日中をベッドで過ごす日々が続いたら、おそらくは日常生活が感覚遮断状態になってしまうと思います。

　たとえ反応がなかったとしても、窓を開けて光や風を感じる、本人の好きな音楽を流す、反応がなくても声をかける、香りのよいアロマを焚く、手をさするなど、さまざまな工夫で感覚に働きかけることが必要なのです。

まとめ

▶ たとえ言葉でのやりとりができなくなったり、反応が乏しくなったりしても、かかわりを続けること。それが認知症ケアでは大切です。

❾ 誠実に向き合う

　日本を含む世界の認知症ケアに共通する考え方に、「パーソンセンタードケア」があります。これは、イギリスの心理学者であるトム・キットウッドが提唱した考え方で、「認知症」という病気ではなく、認知症の「人」を見ることの大切さを説いたものです。

　認知症の人とのコミュニケーションにおいても、パーソンセンタードなかかわりがとても大切です。

パーソンセンタードケアという名称は、臨床心理学者であるカール・ロジャーズのパーソンセンタードアプローチという心理療法にならってつけられたものです

　キットウッドは、認知症の人を傷つけ、その人らしさを失わせる行為を「悪性の社会心理」と名づけました。具体的には、以下の行為がそれに該当します。

悪性の社会心理

1．だます	10．もの扱い
2．できることをさせない	11．無視する
3．子ども扱い	12．無理強い
4．おびやかす	13．放っておく
5．レッテルを貼る	14．非難する
6．汚名を着せる	15．中断する
7．急がせる	16．からかう
8．主観的現実を認めない	17．軽蔑する
9．仲間はずれ	

トム・キットウッド著（高橋誠一訳）(2017). 認知症のパーソンセンタードケアー新しいケアの文化へ－. クリエイツかもがわ. をもとに作成

パーソンセンタードケアという理念は多くの文化で共有されていますが、「悪性の社会心理」が認知症ケアの中で行われている実態もいまだ現実としてあります。言葉ではわかっていても、実際に行動に移すことはとても難しいというのは、認知症ケアに限らずとも多くの人が経験していることでしょう。

　いつかは誰もがケアを受ける側になります。自分のケア実践がこの「悪性の社会心理」に陥っていないかを日々確認し、誠実にかかわることは、将来に私たち自身が受けることになるケアの質を高めることにもつながっていくでしょう。

まとめ

- 自らが行っているケアを客観視し、よりよくしていこうとすることが大切です。
- その際には、トム・キットウッドの「パーソンセンタードケア」の考え方が指標となります。

> コミュニケーションを通じて目の前にいる認知症の人の「人となり」を知ることは、適切なケアの提供につながります

Column

非言語と周辺言語の活用

　私たちの意思疎通は基本的に言葉を用いて行われます。一方で、コミュニケーションには非言語的な側面もあります。

　たとえば、腕を組んで話をすると威圧感を与えますし、身振り手振りだけでも言いたいことを伝えられます。ボディランゲージは非言語的なコミュニケーションの代表的なものです。

　また、ラジオを聴いている場面を思い浮かべてみてください。声しか聞こえていないのに、その人がうれしいのか、悲しいのか、怒っているのか、話す速さや抑揚などから感情を読み取ることができます。言語でもなく非言語でもない、こうしたものは「周辺言語」と呼ばれています。

　病院や施設では、感染症防止の観点からマスクを着用して仕事することが少なくありません。表情が見えにくいために、相手がどのような感情なのかがわかりにくくなっているといえます。ただ、声の抑揚や速度、声量といった周辺言語を意識することで、表情がわかりにくくても感情を伝えられる可能性がグッと高まります。

非言語	周辺言語
● 視線 ● 表情 ● 身振り・手振り ● 姿勢　など	● 話す速さ ● 抑揚 ● 声量 ● 話すリズム　など

これらをしっかり意識して
コミュニケーションを
とってみましょう

文献

1 Mallidou et al. (2013). Health care aides use of time in a residential long-term care unit: a time and motion study. International journal of nursing studies, 50, 1229-1239.

2 Ward et al. (2008). A different story: exploring patterns of communication in residential dementia care. Ageing and society, 28, 629-651.

3 Beerens et al. (2018). The relation between mood, activity, and interaction in long-term dementia care. Aging & Mental Health, 22, 26-32.

4 Oba et al. (2023). Satisfaction of communication alleviate loneliness: A cross-sectional survey among middle-aged and older people. IAGG Regional Congress, Japan.

5 Shaw et al. (2022). Elderspeak communication and pain severity as modifiable factors to rejection of care in hospital dementia care. Journal of the American Geriatrics Society, 70, 2258-2268.

6 Hoek et al. (2020). Autonomy support of nursing home residents with dementia in staff-resident interactions: Observations of care. JAMDA, 21, 1600-1608.

7 杉浦彩子他 (2012). 高齢者の耳垢の頻度と認知機能、聴力との関連. 日本老年医学会雑誌, 49, 325-329.

8 杉本助男 (1986). 感覚遮断環境下の人の心的過程. 社会心理学研究, 1, 27-34.

第 **4** 章

役立つ制度・
サービス・考え方

身近な人に認知症が疑われたら

医師への相談

　身近な人に認知症が疑われたときには、まずはかかりつけ医に相談してみましょう。かかりつけ医がいない場合には、認知症を専門としている医師がいる病院を探してみましょう。日本認知症学会や日本老年精神医学会のホームページでは、学会が認定する専門医や病院を検索することができます。

日本認知症学会HP
https://dementia-japan.org/

日本老年精神医学会HP
https://www.rounen.org/

頼れるお医者さんが見つかります

認知症疾患医療センターの受診

　認知症疾患医療センターは、認知症の診断や、認知症の行動・心理症状（BPSD）、身体合併症に対する医療の提供や認知症に関する相談などを担っている認知症の専門医療機関です。総合病院や大学

病院などの大きな病院だけでなく、精神科病院や診療所等に設置されていることもあります。認知症疾患医療センターには認知症を専門とする医師が在籍していますので、近所にないか探してみるとよいでしょう。

令和6年7月時点では、全国に506か所設置されています

地域包括支援センターへの相談

　日本では中学校区に1つの割合で地域包括支援センターが設置されています。地域包括支援センターは、介護支援専門員（ケアマネジャー）や社会福祉士、保健師といった専門職が、認知症介護をはじめとする高齢者の問題にかかわる相談を無料で受け付けてくれる機関です。また、地域の医療機関や介護保険の申請、福祉サービス利用についての情報提供もしてくれます。気軽に相談できるので、積極的に活用しましょう。

　地域包括支援センターの場所がわからない場合は、「地域包括支援センター　一覧　○○（お住いの市区町村名）」などと検索すると、どこにあるかを確認することができます。

市役所の高齢福祉課や介護福祉課などに尋ねてみるのもよいと思います

介護保険サービスの利用

介護保険の申請をして要介護の認定を受けると、訪問介護や通所介護（デイサービス）、短期入所（ショートステイ）などの介護サービスを、所得に応じて1〜3割の自己負担で利用することができます。

どのようなサービスをどれだけ使えるかについては、要介護の認定を受けた後に定期的に自宅に訪問してくれるケアマネジャーに提案してもらえます。

ケアマネジャーは、制度に関する情報提供やサービス利用についての相談にも応じてくれます

家族教室への参加

医療機関や福祉施設では、認知症の介護に携わる家族のための「家族教室」が行われていることがあります。家族教室では、介護者が集まって認知症の症状について学んだり、お互いの介護経験を共有したりします。

認知症の介護では、「自分のかかわり方がよくないからうまくいかないのではないか」などと、過剰な自己責任を感じてしまうケースも多々あります。そんなときに、ほかの介護者の同じ体験を耳にすると、「自分だけではなかったんだ」と自分の考え方を見直したり、「こういうかかわり方もあるのか」と介護のヒントをもらえたりします。

受診している病院や利用している介護施設で行われていないか問い合わせてみるとよいでしょう。

認知症カフェの利用

　地域では認知症の人や介護者を対象としたさまざまな取り組みが
行われており、その1つに認知症カフェがあります。

　認知症カフェは、地域包括支援センターなどで定期的に開催され
ていて、地域の認知症のある高齢者や介護者などが集まって一緒に
お茶をしたり、レクリエーションを楽しんだりする場所です。その
名のとおりカフェですので、誰でも気軽に訪れることができます。
専門職も参加しているので、介護に関する相談にのってもらうこと
もできます。

認知症の人と家族の会

　認知症の人を介護する家族によって創設された組織です。全国に
支部があり、認知症の人や介護者同士で集まって悩みを話し合った
り情報交換したりなど、認知症介護にかかわる当事者同士の支え合
いが行われています。

　「つどい」と呼ばれる集まりが定期的に開催されていますので、
介護に悩んだとき、誰かに愚痴を聞いてもらいたいときなどに訪れ
てみてください。同じ悩みを共有する仲間ができれば、きっと気持
ちが楽になります。

成年後見制度の活用

　近年、オレオレ詐欺や悪質な訪問販売など、高齢者の財産を搾取
する犯罪が増えています。このような犯罪から財産を守るための制
度として、「成年後見制度」があります。

　これは、認知症などによって判断能力が不十分な人の財産管理や

介護サービスの利用契約などを、裁判所が選任した第三者が支援する制度です。悪徳商法に騙されて高額な契約を結んでしまっても、取り消すことができるようになります。

成年後見制度は、判断能力が低下する前にあらかじめ後見人を決めておく「任意後見制度」と、判断能力が低下した後に親族や市区町村長等が家庭裁判所に申し立てることで後見人を決める「法定後見制度」があります。後見人には、家族などの親族がなることもできますし、社会福祉士や弁護士、司法書士などの専門職に依頼することもできます。

成年後見制度の申し立ては家庭裁判所に行います。必要な書類の用意や手続きが煩雑ですので、まずは地域包括支援センターなどで相談してみましょう。

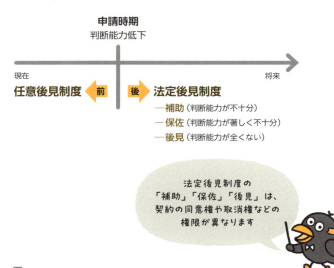

法定後見制度の「補助」「保佐」「後見」は、契約の同意権や取消権などの権限が異なります

Key Point

- ☑ 身近な人に認知症が疑われたときには、相談できる相手を見つけることが大切です。
- ☑ まずは一人でもよいので、病院や地域包括支援センターなどに足を運んで相談してみることをおすすめします。

ケア・ライフ・バランスを大切に

一人でかかえ込むことのリスク

　認知症の介護を家族だけ、とくに一人だけでかかえ込むことは、とても危険です。

　介護は、介護する人（介護者）とされる人（被介護者）の双方がいて初めて成り立ちます。介護者と被介護者の関係は、被介護者が弱者になりがちです。そうした状況では、しばしば支配－被支配の関係に陥ります。

　また、献身的に介護をしていても、認知症により拒否的だったり、攻撃的な言葉を投げかけられたりすると、だんだんと被介護者に対するネガティブな感情が生まれてきます。

　介護はいつ終わるかわかりません。つらい感情をかかえたまま介護を継続すると、虐待や介護心中のリスクが知らず知らずのうちに高まってしまいます。このようなリスクは、専門職などの第三者が関与しておらず、介護者と被介護者という二者だけの関係で介護が成り立っているときにさらに高まると考えられます。

頑張りすぎないように

　ある研究では、認知症の人との関係性が良好な介護者は、ほどほどの関係性の介護者に比べて、長期的には精神的健康が低下しやすいことが示されています[1]。

　おそらくは、最初は献身的に介護をするのでしょう。ただ、全力疾走でマラソンを完走することができないように、頑張りすぎることで疲弊してしまうのかもしれません。介護者が潰れてしまうと、認知症の人の生活も崩壊してしまいます。

　仕事と日常生活の両立という意味で「ワーク・ライフ・バランス」という言葉がありますが、認知症の介護においても、介護者自身の生活も大切にして「ケア・ライフ・バランス」を上手にとることが、結果的に認知症の人の健やかな生活を長く継続させることにつながるのです。

デイサービスやショートステイなどを利用して被介護者と物理的に距離をとることも、身体的・精神的負担感を和らげるのに役立ちます

Key Point

- 認知症の介護はチームを組んで対処することが基本となります。決して一人でかかえ込まず、専門家の力を積極的に活用してください。

Column

「早期診断、早期絶望」から「早期診断、早期希望」へ

　認知症の早期診断については、さまざまに議論されてきました。
　早期診断のメリットとしては、「判断能力がなくなった際の医療同意、遺言など、人生の最終段階のライフイベントに備える時間をつくれる」ということがありますが、「診断を受けても治療法がなく、もどかしい思いをさせてしまう」というマイナス面もあり、「早期診断、早期絶望」といわれることもあるくらいです。

　ただ、近年になって、認知症の新たな薬であるレカネマブやドナネマブが使われるようになりました。これらの薬は、アルツハイマー型認知症の原因の1つと考えられているアミロイドβと呼ばれる物質を除去する薬です。これまでにない画期的な薬ですが、認知症そのものを治すことはできませんし、対象は認知症予備軍と呼ばれる軽度認知障害のある人や、軽度の認知症の人とされています。

　とはいえ、新たな薬の登場によって、早期診断の意義が増したことは間違いありません。少しずつではありますが、「早期診断、早期絶望」から「早期診断、早期希望」へと、時代は着実に変わってきています。

文献

1　Fauth et al. (2012). Caregivers' relationship closeness with the person with dementia predicts both positive and negative outcomes for caregivers' physical health and psychological well-being. Aging & Mental Health, 16, 699-711.

おわりに

認知症は何らかの原因により脳が異常をきたした状態です。「異常」とはどういうことなのでしょうか。考えてみると、異常は英語のabnormal（アブノーマル）の訳語です。abは「離れる」、normalは「正常」という意味ですから、abnormalは「正常から離れる」という意味になります。つまり、「異常」という、正常では決してたどり着くことのできない別世界があるわけではありません。正常な状態（私たちのいる場所）から距離があるだけで、歩みよることはできるのです。

　本書では、認知症の人がいる「正常から離れた場所」をイメージし共感するヒントを得てもらうために、「私たちも認知症の人と似たような体験をすることがある」という例をできるだけ示すことを心がけました。認知症になったとしても、心そのものは私たちと変わりません。その働き方が私たちの感じ方とは距離があるために、私たちは認知症の人の言動に戸惑ってしまうこともあります。ただ、それは認知症の人からしたら自然な心の働きです。本書を通じて、私たちとは離れた場所にいる認知症の人に歩みよるきっかけができれば嬉しく思います。

　また、本書では内容を理解しやすくするために、1つの事例に対して1つの特徴から説明しました。一方、実際には複数の事例で取り上げた特徴が重なっていることがほとんどで、同じかかわり方でうまくいくこともあれば、うまくいかないこともあります。「どんなときにもうまくいく魔法のようなかかわり方があればいいのに」と、認知症ケアに携わる人なら誰もが思ったことがあるかもしれません。しかし、現実では試行錯誤を繰り返すしかありません。とは

おわりに

いえ、認知症の人のいる場所へたどり着くまでの道程は複雑です。どれくらい離れているのか、どちらに進めばよいのか迷うことも少なくありません。本書が、読者のみなさまが認知症の人のいる場所に歩みよるための道しるべになることを願っています。

　最後に、本書の企画は、筆者がある学会に寄稿した論文を目にした中央法規出版の飯田慎太郎氏から、「当事者目線で認知症ケアを追体験し、適切なケアを学ぶことができるような書籍をつくれないか」とメールをいただいたことから始まりました。企画案が通るまでにもさまざまな苦労があり、企画が通った後もどのような構成や内容にするか、メールや電話、オンライン、対面とあらゆる手段で何度も何度も打ち合わせを重ねました。初稿を書き上げた後も「もっとこうした方がわかりやすい」と、一般の方にも伝わりやすい内容になるよう多くの助言をもらいました。このように、本書は飯田氏の情熱に大きく支えられて上梓することができました。ここに記して心からの感謝を申し上げます。

大庭 輝

著者紹介

大庭 輝
（おおば・ひかる）

弘前大学大学院保健学研究科
心理支援科学専攻教授
公認心理師
臨床心理士
博士（人間科学）

明治学院大学大学院心理学研究
科修士課程修了後から心理職とし
て医療機関や高齢者施設に勤務
し、認知症ケアの実践に携わって
きた。

大阪大学大学院人間科学研究科
博士後期課程修了後、京都府立
医科大学大学院医学研究科精神
機能病態学特任助教、大阪大学
大学院人間科学研究科助教、弘
前大学大学院保健学研究科准教
授を経て、現職。

日本老年行動科学会理事、日本
老年臨床心理学会評議員、日本
臨床心理士会高齢者福祉委員会
委員などを務める。現在は公認
心理師を目指す学生に対する教
育の傍ら、認知症ケアに関する心
理学研究や地域での認知症の理
解に関する普及啓発活動に携
わっている。

心理学のプロが教える
認知症の人のホントの気持ちとかかわり方

2025年4月20日　発行

著　者　　　大庭 輝
発行者　　　荘村明彦
発行所　　　中央法規出版株式会社
　　　　　　〒110-0016　東京都台東区台東 3-29-1　中央法規ビル
　　　　　　TEL　03-6387-3196
　　　　　　https://www.chuohoki.co.jp/

ブックデザイン　hotz design inc.
イラスト　　　　よりどりきみどり、永江艶の

印刷・製本　　　株式会社ルナテック

定価はカバーに表示してあります。
ISBN978-4-8243-0244-1

本書のコピー、スキャン、デジタル化等の無断複製は、著作権法上での例外を除き禁じられています。また、本書を代行業者
等の第三者に依頼してコピー、スキャン、デジタル化することは、たとえ個人や家庭内での利用であっても著作権法違反です。

落丁本・乱丁本はお取り替えいたします。

本書の内容に関するご質問については、下記URLから「お問い合わせフォーム」にご入力いただきますようお願いいたします。
https://www.chuohoki.co.jp/contact/
A244